ヘルスケア・イノベーション

ヘルスケア産業における新規事業成功要因の分析

Healthcare Innovation

玄場公規
新井卓二
小野恭義
著

同友館

はじめに

イノベーション・新規事業の創出が強く求められる日本企業にとって、今後の成長産業であるヘルスケア分野への関心は高いと考えられます。ただし、本書でも繰り返し述べますが、ヘルスケア分野における新規事業の立ち上げは決して容易ではありません。そこで、本書は、ヘルスケア分野におけるイノベーション創出・新規事業創出を目指す方々のために、新規事業創出の戦略的マネジメントの基本的な考え方、具体的な新製品・新サービスを検討する分析ツールを紹介します。また、ヘルスケア分野のイノベーションを促進するための産業界及び行政の支援策、ヘルスケア分野の新規事業の具体的な成功事例を分析し、その成功要因を分かりやすく解説します。

ヘルスケアとは、端的には「健康増進」を意味しますが、その関連産業は第4章でも詳しく説明するように極めて幅広く、かつ、その範囲も大きく広がっています。ヘルスケア分野の市場は大きく拡大していることから、その意味では異分野からの参入も可能とも言えます。ただ同時にヘルスケアの市場は、複雑で捉えどころがない市場でもあります。大きな機会があると同時に参入が難しいというのがヘルスケア市場の最大の特徴とも言えます。

本書は5章の構成になっています。第1章は、ヘルスケアのイノベーションを定義します。そもそも、ヘルスケアとは何を意味するのか、また、その具体的な事業の捉え方の難しさを解説します。また、イノベーションという言葉は日本でも一般的に使われていますが、その意味するところは幅広いです。そこで、イノベーションの具体的な内容とともに、特にヘルスケア分野におけるイノベーションの課題を説明します。その上で、近年、重要なイノベーションとされている「新しいビジネスモデルの創出」がヘルスケア分野においてこそ必要不可欠であることを紹介します。

第2章は、第1章の議論を前提にヘルスケア分野の新規事業創出戦略を提示します。まず、ヘルスケア市場に限った話ではありませんが、近年の新規事業の戦略的マネジメントとして、外部との積極的な連携が不可欠です。また、新規事業の立ち上げは決して簡単ではなく、長期的視野に立った試行錯誤のマネジメントも重要です。この点を踏まえた上で、本章では、具体的な新製品・新サービスを検討する方法論を詳しく説明します。ここで紹介する方法論は非常に単純で、極端に言えば、誰にでも実践できる方法かもしれません。

ただ、単純な方法論であっても、この考え方を徹底的に実践することで大きな成果を収めている先進事例が世界的にも知られています。その事例も詳しく紹介します。

第3章は、近年の日本のヘルスケアビジネスの潮流を紹介します。前述のように日本では今後の成長産業としてヘルスケア・イノベーションが期待されています。そのために、産業界あるいは行政も積極的な支援策を行っています。たとえば、ヘルスケアビジネスコンテストから画期的なイノベーション創出が期待できるベンチャーの起業が支援され、また、行政が提示したヘルスケアサービスガイドラインによってイノベーションの創出が後押しされています。また、当然のことながら、日本だけでなく、海外に展開する日本企業あるいは日本市場に参入しようとする海外企業も数多く期待されており、そのような動きを踏まえたヘルスケアビジネスの将来像を提示します。

第4章は、ヘルスケアビジネスの成功要因を説明します。ヘルスケア分野は厳しい規制があり、難しい市場であるとの認識を持っている方も多いと思いますが、その市場領域は今後広がっていくことが期待されています。この領域の広がりを大きな機会と捉えて、ヘルスケアビジネスの戦略を立案することが不可欠です。このような機会を捉えたヘルスケア・イノベーションの事例を紹介し、ヘルスケアビジネス成功の要因を提示します。また、新しい経営スタイルである「健康経営」も大きなビジネスと捉えられ始めており、今後のヘルスケアビジネスの一形態として健康経営の動向を紹介します。

第5章は、具体的なヘルスケアビジネスの事例を紹介します。事例対象企業は、いずれも画期的なイノベーションを創出すると期待されている企業です。大企業のみならず、ベンチャー企業も含めて紹介します。具体的な企業は、Ｍｏｆｆ、ＮｅＵ、ニューロスペース、オムロン ヘルスケア、一般社団法人社会的健康戦略研究所です。これらの企業の事例からヘルスケア分野の新規事業の成功要因を探ります。

本書は、3人の執筆者で執筆しました。第3章は、公益財団法人大阪産業局・プランナーであり、株式会社ＳＲＳ技研代表取締役である小野恭義が担当し、第4章と第5章は、山野美容芸術短期大学特任教授であり、経済産業省地域ヘルスケアビジネスアクセラレータである新井卓二が担当しました。二人ともヘルスケア企業の経営者でもあり、行政のヘルスケアビジネス支援策に積極的に関わっています。第1章と第2章は、イノベーション戦略・新規事業創出戦略を専門とする法政大学大学院教授である玄場が担当しました。

ヘルスケアが今後市場の拡大が期待される新規産業であることは本書で繰り返し述べています。また、日本の社会保障財源にも歯止めをかけるためにもヘルスケア分野において画期的なイノベーションは必要不可欠です。ただし、本書を執筆するにあたり、ヘルスケアのイノベーションに関する文献を調べましたが、想像以上に少ないことが分かりました。この点でも本書の意義は大きいと考えています。

近年、従来はヘルスケアと関わってきていなかった異分野の企業からのヘルスケア市場への関心は高く、また、医療や介護に従事していた専門家からも新しいビジネスへの参入に意欲を持つ方が出てきていると実感しています。本書でも、オープン・イノベーションという概念を提示しましたが、このような異分野の方々と従来から医療や介護分野で働かれている専門家の方々との連携が大きな鍵になるのではないでしょうか。筆者らも今後ともヘルスケアのイノベーションの推進に積極的に関わっていきたいと意欲を持っています。公開イベントなどを行っているため、ご関心のある方々は是非ご参画いただき連携を図っていければと考えています。

ヘルスケア分野におけるイノベーションは大変期待されていますが、規制や制度との関係に留意し、場合によっては高度な先進技術、あるいは情報技術の活用が鍵となり、サービスを効率よく提供するためのビジネスモデルが不可欠です。本書は、その難しさとともに戦略的マネジメント及び新規事業創出戦略を立案する処方箋を提示しました。この分野に関心のある方々に少しでも参考になれば大変幸いです。

著者代表
法政大学大学院　イノベーション・マネジメント研究科
教授　玄場公規

目次

はじめに …… i

第1章　ヘルスケアのイノベーション

1　ヘルスケア産業 …… 2
2　イノベーション …… 4
3　ビジネスモデル …… 10
4　まとめ …… 13

第2章　新規事業創出戦略

1　戦略の重要性……16
2　外部の積極的な活用……21
3　試行錯誤の重要性……29
4　具体的な新規事業テーマの提案方法……34
5　スタンフォード大学の先進事例……42
6　まとめ……47

第3章　ヘルスケアビジネスの潮流

1　ヘルスケアビジネスコンテストからみるイノベーション……50
2　ヘルスケアサービスガイドラインからみるイノベーション……58
3　日本発のヘルスケアビジネスの海外展開の可能性……64
4　海外から日本参入のヘルステックビジネス……67

5　ヘルスケアビジネスの将来像……69

第4章　ヘルスケアビジネスの要諦

1　ヘルスケアの領域……76
2　ヘルケアビジネスの戦略……83
3　ヘルスケア・イノベーションの事例……93
4　ヘルスケアビジネスの将来像……101
5　健康経営におけるヘルスケアビジネス……110

第5章　ヘルスケアビジネスの具体的事例

1　株式会社Moff……120
2　株式会社NeU……129
3　株式会社ニューロスペース……138

4 オムロン ヘルスケア株式会社……149
5 一般社団法人社会的健康戦略研究所……157
6 まとめ……170
おわりに……173

第1章

ヘルスケアのイノベーション

1 ヘルスケア産業

(1) 今後の成長産業

ヘルスケア産業は、日本における成長産業の一つであることは間違いありません。この分野でのイノベーションを創出して新規参入を検討している方々も数多いでしょう。また、それが実現できれば企業にとって売上及び収益性向上に寄与するだけでなく、人々の健康増進にも貢献するという社会的意義も大きいです。さらに、今後増大する社会保障費が大きな問題となっている日本社会においてはヘルスケア産業のイノベーションは必要不可欠とされています。

経済産業省も、この問題意識に立ってヘルスケア産業を積極的に促進することを明示しています（経済産業省「経済産業省におけるヘルスケア産業政策について」https://www.meti.go.jp/policy/mono_info_service/healthcare/index.html）。「ヘルスケア」は、辞書的な定義からすれば、「健康増進」となります。ただし、その産業の範囲はかなり幅広く、対象とする市場は様々です。詳細については第4章において説明しますが、上記の「経済産業省におけるヘルスケア産業政策について」の資料では、その対象範囲を大きく3つほどの領域に分けて整理しています。まずは①公的医療保険や介護保険が対象とする市場です。病院での治療や薬局で受け取る薬、介護施設での介護サービスなどです。これは従来型の産業であり、公的な保険を活用する市場ですので、規制なども厳しく、参入障壁が高いです。その次に②公的保険が適用されない医療や介護サービスです。運動や栄養・保険サービスなどが該当します。さらに、医療や介護ではなく、③農業・観光等の地域産業やスポーツ産業等があります。この分野は異業種の企業やベンチャー企業等からの新規参入や比較的容易と考えられます。また、①~③はそれぞれ独立した市場ですが、地域での連携が期待されると指摘されています。そして、これらの産業の創出を支えるための基盤も充実することを目指し、「地域活性化」と「あるべき医療費・介護費の実現」に繋げることが政策目標となっています。

(2) 新規事業への期待

以上のように、ヘルスケア産業は従来イメージされている医療・福祉の分野のみならず、幅広く捉える必要があります。逆に、このような幅広い市場であるからこそ、異業種の企業にとっても大きなチャンスがあります。また、この分野において新規事業の創出が期待され、その社会的意義が大きいことに異論がある人はいないでしょう。その上、新しい市場であるからこそ、ベンチャー企業の参入も期待されており、政策的な後押しもされています。

ただし、ヘルスケア産業のみならず、新しい製品やサービスを創出することは決して簡単ではありません。これは、規制の厳しい公的保険が適用される市場は当然として、比較的参入が容易である分野でも同じです。最近では、新しい製品やサービスを事業化することをイノベーションと呼んで、企業にはイノベーションが必要だと言われています。これ自体は非常に重要なことですが、そもそも、イノベーションの創出は決して容易ではないことも指摘されています。以下では、この点を説明するために、まずは、そもそも、イノベーションとは何かについて説明しましょう。

2 イノベーション

(1) イノベーションとは

今日「イノベーション」という言葉が広く使われるようになりました。「イノベーション」という概念を世に広めたシュンペーターは、イノベーションを「知識の新結合」と定義しました（Shumpeter 1912）。ただし「知識の新結合」と聞いて、その内容をイメージできる人は、あまりいないでしょう。そこで、この概念が日本に提唱されるときに「技術革新」と翻訳されました。これはシュンペーターの定義からはかけ離れていますが、従来は、イノベーションを「技術革新」と解釈しても問題はなく、辞書にも掲載されています。「技術革新」という言葉からは、新しい技術を開発して、世の中に新しい製品を広めていく、といったイメージがあります。実際に、このような技術革新で世の中が便利になり、また、技術革新を起こした企業の収益は向上しました。

しかし、近年はこれに加えて、新しいサービスや新しいビジネスモデルの創出なども重要なイノベーションと考えられています。新しいサービスや新しいビジネスモデルは、必ずしも新しい技術を必要としません。少なくともその企業は新しい技術を「開発」する必要はなく、「活用」すれば十分なのです。そのため、「技術革新」という定義だけでは、イノベーションを説明できなくなりました。そこで、最近では、イノベーションの定義を広く捉えるべきという考え方が提唱されています。

(2) ヘルスケア分野での課題

特にヘルスケア分野のイノベーションは広く捉えるべきだと考えられます。そもそも、ヘルスケアの市場が多岐にわたることについては説明しましたが、その多岐にわたる市場におけるイノベーションの形態も多様であるはずです。

ただし、ヘルスケアにおけるイノベーションは難しいと指摘されています。それはヘルスケアの市場で様々なベンチャーが起業されて、新しいサービスが次々と提供されている米国でも同じです。ハーバード大学ＭＢＡ教授のハーツリンガーは、ヘルスケア・イノベーションが極めて難しいことを指摘し、その理由として、様々な障壁要因があると主張しました。大きく分けて、６つの障壁があり、技術的課題のみならず、そのサービス提供となる主体、資金調達、政策、顧客、説明責任において課題があるとしています。主体とは、他のサービス分野と異なり、サービス提供者には民間企業のみならず、行政が直接サービス主体となる場合や医療法人や介護法人などの非営利組織が主体となる場合が多く、それらがイノベーションを促進することもありますが、阻止することもあるという指摘です。また、新薬の開発のように多額の資金調達が必要になる場合も多いことも一つの課題です。人の健康を扱うことから、顧客中心のサービスであることが重要ですし、一方で人の健康を対象としたサービスのため、規制や政策の縛りが厳しくなります。そして、それら規制等の政策との適合性や社会に対する説明責任も不可欠で、大きな負担になることがあります。

後に述べるビジネスモデルのあり方も重要です。前述のハーツリンガーは、ビジネスモデルの課題として、費用を削減し、効果を高める医療サービスの実現は決して簡単ではないため、実際にサービスを提供した企業が大きな損失や破産を迎える結果になったとしています。当たり前ですが、ビジネスモデルが一見素晴らしいように見えても社会に受け入れられなければ、イノベーションとして成功とは言えません。

(3)　サービスの重要性

ヘルスケアの分野におけるイノベーションには、新薬や医療機器など製造企業が提供する新製品も重要です。これらは、高度な技術の開発が必要な正に「技術革新」です。ただ、ヘルスケア分野においては、サービスにおけるイノベーションも重要です。むしろ、近年の日本企業においては、モノづくりによる差別化が難しくなっているため、付加価値の高いサービスによる収益向上が重要であるとも指摘されています。しかしながら、多くの製造企業は未だに製品のみで粗利益、営業利益が得られ、それで十分だと考えているが、サービスに着目すべきだと強く主張されています（Allmendinger, et al., 2005）。そして、サービスにおける収益は一時的なものに留まる場合も多く、継続して収益を得るためには、優れたサービスを提供するための高度な戦略が必要になります。また、高度な戦略を実現するためには、まず製品自体を洗練することが不可欠であると指摘しています。

実は、そもそもサービスという概念は極めて抽象的で、それゆえに具体的な事業を検討することを難しくしています。サービスという用語は、辞書の定義によれば、「奉仕」「接待」など一般的に想定されるイメージを表す用語が提示されます。ただし、もう少し専門的な概念では、「物質的生産過程以外で機能する労働。用役。用務」という定義になります（広辞苑）。この定義によれば、物質的生産課程の労働とは製造業の活動ですから、サービスとは、製造業以外の「その他の労働」という極めて曖昧な概念になるということです。すなわち、極端に言えば、何でも有りということにもなってしまいます。そのため、どのようなサービスを提供するかという新規事業を考えるには、より具体的なイメージを示すことが不可欠になると言えます。

一方、様々な選択肢があるということは、各企業のサービスも多様になるため差別化もしやすいことになります。後に述べるように企業にとって収益性を向上させるための戦略とは差別化を目指すことですが、サービス事業を展開することにおいて様々な選択肢があることは、戦略を立案する余地が幅広いと言えます。

(4) 知識の新しい利用

民間企業は、顧客から売上を得ることを目的としてイノベーションを創出したいと考えています。そして顧客には、解決してほしい何かしらの課題あるいはニーズがあり、それが満たされることへの対価として、お金を支払います。前述のように、もともとイノベーションの定義は「知識の新結合」ですが、知識を結合しただけでは、そこに顧客がお金を支払うことはありません。結合された知識が顧客の課題解決に結びつくことが不可欠です。また、民間企業でなくても、病院や介護施設などは営利を目的としていなくとも、患者さんや介護を受ける方々の課題を解決することを目的としています。新しいサービスを提供して、より新しい課題の解決、あるいは既存の課題を効率的に解決することを目指しているのは民間企業と同じです。

そこで、本書では、イノベーションを広く捉え、「顧客の課題解決のための新しい知識の利用」と定義することにします。そして、前節において、ヘルスケアは「健康増進」という課題を解決する分野であると説明しました。そのため「ヘルスケア・イノベーション」は、「顧客の健康増進に寄与する新しい知識の利用」ということになります。この定義を踏まえれば、ヘルスケア・イノベーションの範囲はかなり幅広いことになります。

ただし、前述のようにヘルスケア分野のイノベーションは簡単ではありません。特にサービスについては、様々な選択肢があり得ます。さらに、ヘルスケアのイノベーションを実現するためには、ビジネスモデルが重要です。以下ではビジネスモデルの重要性についても、詳細に説明しましょう。

3 ビジネスモデル

新しいビジネスモデルの創出が重要なイノベーションであることは説明しましたが、ビジネスモデルは、端的にいえば「事業の仕組み」です。一般に同業他社を比較しても、多くの場合、ビジネスモデルが同じことが多いと考えられます。ただ、もし、新しいビジネスモデルが産業全体に大きな変革をもたらし、それが模倣困難であれば、強力な競争優位の源泉となります。そして、ビジネスモデルは決して不可解なものではなく、むしろ、分かりやすいストーリーであることが重要であるとされています。また、仮説を持って始めるものの、必要に応じて修正を繰り返す試行錯誤が不可欠と指摘されています（Magretta, 2002）。この点は差別化の話と同じで、ビジネスモデルが顧客や従業員に訴求するためには、そのビジネスモデルが一般に理解されやすいことが重要であるということです。

試行錯誤が必要という点では、経営業績が優れた企業ではなく業界の平均的な業績ではあるけれども、ビジネスモデルのイノベーションを起こした企業の経営者にインタビューした研究があります。それによると、このような企業では、当初ビジネスモデルのイノベーションを創出しようと意図していた訳ではないものの、当初は想定していなかった予期せぬ要因がきっかけとなり、試行錯誤でビジネスモデルを発展させていったとされています（Laudier, 2016）。次章において詳しく述べますが、イノベーションを創出する過程においては、本質的に様々な不確実性が存在しています。そして、この不確実性を乗り越えることこそがイノベーションの創出過程であるといっても過言ではありません。ビジネスモデルもイノベーションであり、ビジネスモデルの創出に至るまでには、様々な不確実性があると考える必要があります。ただ、従来、技術開発についての不確実性に関する研究はあるものの、ビジネスモデルの不確実性に関する研究は数少なく、その戦略的マネジメントや経営トップの意思決定に関する研究は今後の課題と考えられています（Schnecken-berg et al., 2016）。

いずれにしても、近年では、製造企業のみならず、サービス企業においても、新しいビジネスモデルの創出が重要であることは一般的にも理解が広がっています。ただし、新しいビジネスモデルを創出することは容易ではありません。特にサービス分野においては、数多くの選択肢があり、どのようなビジネスモデルが良いのか判断に困ると考えられます。また、幡鎌（２０１４）は、サービス分野のイノベーション創出において、新しいビジネスモデルを構築できれば、ゲームチェンジャーとして業界に非連続的な変化をもたらすような大きなブレークスルーを生み、社会・経済に大きな発展をもたらすことが期待できると主張しています。そして、製造業と異なり、サービス企業では、研究開発部門を有する企業は極めて少ないため、新しいサービスや新しいビジネスモデルの創造は、一般に現場の従業員が主導する必要があり、顧客視点がより重要で、現場の発想・気づきに基づく発明が多くなると指摘しています。

日本でもイノベーションに関する概念として良く知られている、破壊的イノベーションを提示したクリステンセンも共著の文献において、ヘルスケアのサービスが未だに高価で十分に多くの人に届けられていないのはビジネスモデルのイノベーションが欠落しているからであり、技術の進展とビジネスモデルが適切に組み合わされることが必要だと指摘しています（Hwang et al., 2007）。さらに後述のオープン・イノベーションを提唱したチェスブローも端的に次のように指摘しています（Chesbrough, 2007a）。それは、「イノベーション」は、企業が大規模な研究室に投資し、見つけられる最も優秀な人材を雇い、新しい製品が登場するのを辛抱強く待つ必要があることを意味していたが、もう違う。これら新製品の開発や流通のコストは大幅に上昇（例として新薬の開発、半導体製造施設の建設など）しており、製品の寿命が短いと優れた技術でさえも満足のいく利益を得ることができない。そのため、イノベーションには、単なる技術革新あるいは研究開発のみならず、ビジネスモデルを含める必要がある、としています。

4　まとめ

ヘルスケア分野は今後日本で成長が期待される数少ない産業の一つです。ただし、ヘルスケアのイノベーションは簡単ではないことは理解すべきです。高度な技術力が必要な医薬品や医療機器のみならず、ヘルスケアサービスの市場にも今後革新的なイノベーションが期待されています。そして実際に、数多くの企業が参入を試みるものの、その成功は必ずしも容易ではなく、また、ビジネスモデルの創出が大きな課題となっています。

日本企業は高度な技術力による「モノづくり」のイノベーションで飛躍的な成長を実現したことも事実です。ただし、今後は、モノづくりだけではなく、新しいサービスや新しいビジネスモデルの創出によって持続的な成長を実現することも求められます。そのためには、高度な戦略的マネジメントが必要です。この点について、そもそも戦略とは何か、そして、新規事業を創出するためには、どのような戦略やマネジメントが求められるのかについて次章で説明していきます。

第2章

新規事業創出戦略

1 戦略の重要性

(1) 戦略とは

イノベーションを創出するためには様々な不確実性があり、それらを克服するための戦略的なマネジメントが必要不可欠です。ただ、そもそも、戦略とは何でしょうか。

戦略という用語は、一般的に良く用いられていて、すでに日本の企業においても、いろいろな戦略が立案されています。また、イノベーションを創出するためにさまざまな努力がなされています。もちろん、それはそのとおりですが、本来の「戦略」の定義を理解すれば、必ずしも十分な戦略を立案・実行している企業は多くないことに気付くかもしれません。

当たり前ですが「戦略」とは、具体的な競争相手を想定して、その相手よりも優位になる（競争優位と言います）ことを目的として、立案・実行されるものです。ただ、実務的には具体的な競争相手を想定していない、あるいは「分からない」戦略が数多くあります。端的な例としては、行政機関や業界団体において、「戦略」という言葉が付けられた報告書や指針が多数提示されています。もちろん、これらの重要性を否定するものではありませんが、これらのほとんどは、競争相手を具体的に想定した「戦略」ではなく、将来の「政策ビジョン」の提示、あるいは「業界動向」を調査した報告書などが多いのが実情です。また、企業においても、経営戦略や技術戦略などが立案されていますが、具体的な競争相手を想定せずに将来の「事業計画」の詳細を述べたものなどが多いと考えられます。

実は、この議論を踏まえると、非営利法人など営利目的ではなく、公益目的で活動している組織は、必ずしも「競争していない」ため、その組織の「戦略」とは何かというのが分からなくなります。ただ、これから説明する「差別化」は非営利の組織においても重要です。他の組織とは異なる目的を実現する、あるいは同じ目的でも異なる方法で目的を実現するという「差別化」により、他の組織とは異なる課題を解決することが可能になり、公益的な目的を達成できるかもしれません。日本は横並びの意識が強いとされ、特に病院や介護施設などヘルスケア分野のサービスを提供する法人においては、規制などがあり、ヘルスケアの分野の非営利法人は戦略あるいは差別化などとは無縁の状況だったかもしれません。ただ、今後の日本においては、非営利法人においても、独自の戦略や差別化を標榜して、新しいイノベーションを創出することが期待されていると考えられます。

(2) 差別化が重要

民間企業には、必ず競争相手がいます。そして、その競争相手とは異なる差別化を実現することが不可欠とされています。競争相手と同じことをしていては、他社よりも競争優位を確立し、継続して高い収益を維持することは困難だからです。端的に言えば、競合企業と同じ製品やサービスを提供しているのであれば、顧客は、できるだけ安いものを選ぶことになり、いわゆるコスト競争となり、自社も競合企業も十分な収益を確保することができません。

そのため、戦略とは、競争相手と異なる何かしらの差別化を目的に、自社の資源を集中することが必要不可欠とされています（Porter, 1996）。ただし、そのためには、明確な指針がなければなりません。

すなわち、戦略とは「競争相手に対して差別化を実現するために、何をすべきかを明示した指針」であると言えます。従来、日本の企業には「戦略がない」と指摘されてきました（Porter, 1996）。競合他社と同じ目標を掲げている企業が多く、差別化を目的とした企業活動がほとんど行われていないというのが、その理由です。この点、確かに、１９９０年代までの日本企業においては、あえて差別化を意図しなくても十分な収益性を確保できため、戦略は必要ない、あるいは、少なくとも戦略の重要性は低いという考え方も可能であったかもしれません。

ただしそれは、日本経済の高度成長期という、ある意味恵まれた時代であったからだと考えられます。高度成長期の日本企業の競争相手は、すでに先進国となっていた欧米各国の優れた企業が想定されていて、これらの企業に追いつくことが日本の目標でした。そのため、具体的な戦略課題として、欧米企業に比べてより性能が高く、より安い製品を提供することを主眼においていました。

競争相手が明確で、戦略課題も自明であったため、日本企業には戦略が必要なかったというよりも、あえて戦略を考えなくても、戦略的な行動が可能であったのかもしれません。さらに言えば、本来、身近な競争相手であった日本国内の同業他社は、欧米企業という同じ競争相手をもつ同志であるとさえ考えられていました。そして、確かに、よりよい製品やサービスを、より安く提供することで、日本企業は十分な成長・収益性を確保できました。

しかしながら、今は時代が大きく異なります。日本企業はすでに欧米企業に追いつき、いわゆるフロントランナーとなりました。そのため、まずは明らかな競争相手を想定しなければなりません。国内の企業なのか、欧米の企業なのか、あるいは新興国の企業なのか、それぞれ業界ごと、企業ごと、あるいは事業部ごとに異なる競争相手がいます。業界が同じであっても、企業ごと、あるいは事業部ごとに、競争相手を設定し、その相手に対して差別化を目標とする戦略を考える必要が出てきたと言えます。

この点は、非営利法人でも同じです。前述のように特にヘルスケア分野の非営利法人においては、他の組織と同じことをすることが当然とされてきました。しかし、より新しいイノベーションを創出し、患者さんや介護を受ける方々に対して、よりよいサービスを提供する、さらには、日本の社会保障の支出を少しでも削減するという大きな社会的な目的を達成するためには、横並びではなく、独自の戦略や差別化を目的とした指針があることが望ましいと考えられます。

以上のように戦略とは、競合組織とは異なる差別化を目的とする指針です。ただし、差別化を実現するためには、必ずしも複雑で難しい事業を行うことではありません。むしろ、従業員や顧客にとって分かりやすい差別化の事業の方が持続可能性も高くなります。実際に、長期にわたって高いパフォーマンスを維持している企業を調べた結果、80%の企業は明確かつ分かりやすい差別化を戦略にしていると指摘する研究もあります（Zook et al., 2011）。

2　外部の積極的な活用

(1)　リードユーザー

まず、そもそもイノベーションは、どこから出発するのでしょうか。企業の研究所や技術開発部門で技術の専門家が蓄積したアイデアや研究成果を元にイノベーションが始まるものなのでしょうか。もちろん、このようなイノベーションもあります。特に製品を製造するメーカーの研究開発部門の高度な研究者・技術者の研究開発成果は重要です。

ただ、この点、ヒッペルは、イノベーションの源泉としてのユーザーの重要性を指摘しました。たとえば、科学機器を対象に分析した結果、イノベーションの77％がユーザー支配的な過程であると主張しました（Hippel, 1976; Hippel, 1977）。また、半導体・電子アッセンブリー製造においても、同様にユーザーが重要な役割を担ったとしています。そして、イノベーションにおいて主要な役割を担うユーザーをリードユーザーと定義しました。このリードユーザーという概念はイノベーション研究の分野では広く知られています。たとえば、ヘルスケアの分野でも高度な研究成果を必要とする医療機器は、そのユーザーである医師が重要なリードユーザーとなることは十分理解できると思います。

以上の例では、ユーザー自身も高度な技術的知識を有する技術者や医師です。ただし、リードユーザーという考え方は、必ずしも、ユーザーが高度な技術知識を持っていないサービスの分野でも重要とされています。代表的な例として、小川は、情報技術を活用した新しいビジネスモデルの創出において、日本最大手の小売企業になったセブンイレブンがリードユーザーとして主要な役割を担った事例を分析しています（小川、２０００）。

コンビニエンスストアという店舗形態は１９７０年代にアメリカから導入されたものです。そのため、コンビニエンスストアというビジネスモデルは、日本に導入された時点では、新しいビジネスモデルとは言えません。しかし、日本に導入された後に、高度な情報システムを活用して、「新しいビジネスモデル」が創出されたと評価できます。具体的には、セブンイレブンの新しいビジネスモデルは、ＰＯＳ（販売時点情報管理）システムという情報技術を活用することによって創出されました。各店舗の情報を集めて本部で分析し、その結果を各店舗にフィードバックします。そして、各店舗では、いつ誰が何を購入するかを仮説検証してから発注するようにビジネスモデルを改めました。この今では、どのコンビニエンスストアでも実施しているビジネスモデルをいち早く全店舗で実施することにより、同社は顧客の支持を集めて、競争優位を確立したのです。

ポイントとしては、ＰＯＳシステム自体は、情報システムの専門企業により開発されたということです。ただ、ＰＯＳシステムを活用して発注するというイノベーションを主導したのは、セブンイレブンという技術の「ユーザー」であり、決して技術の専門家ではない企業がイノベーションを主導した点にあります。

ヘルスケアのイノベーションにおいても、情報技術の活用は重要です。周知のように、ヘルスケアにおけるイノベーションは米国において数多く登場しています。そして、ヘルスケアのイノベーションのプロセスにおいて、情報技術の役割は近年においても極めて重要であるとされています。しかしながら、経営者は、より一層の情報技術の活用が求められるものの、ヘルスケアを提供する上での非効率性を克服するためのマネジメントは未だ十分理解していないと指摘されています（Thakur, 2012）。

前述のヒッペルが提唱した論文は1970代の文献ですが、2010年代に公表した共著の論文においても、イノベーションの創出において、大きな変革が起きていると主張しています。すなわち、従来は、生産者起点のイノベーションが消費者に届けられているという考え方が主流であったものの、今後は、独立したユーザーによるイノベーションあるいは他社とオープンに協業するイノベーションが優位になると提唱しています（Baldwin, et al., 2011)。同様の指摘が次に紹介するオープン・イノベーションという考え方です。

(2) オープン・イノベーション

ヒッペルは、1970年代にユーザーの重要性を主張しましたが、近年では、ユーザーにこだわる必要はなく、イノベーション創出のためには、可能な限り、外部の企業や個人を積極的に活用すべきであるとされています。チェスブロー（2003）は、「企業内部と外部のアイデアを有機的に結合させ、価値を創造させること」をオープン・イノベーションと呼び、イノベーションのパラダイムシフト（考え方の変革）が起きていると主張しました（Chesbrough, 2003）。この定義だけを見れば、当たり前のことを言っているに過ぎないとも考えられますが、チェスブローは、従来の研究開発のイノベーションをクローズド・イノベーションと呼び、その違いを対比することで、イノベーション戦略のパラダイムシフトを認識することの重要性を指摘しました。具体的には、クローズド・イノベーションは、「成功するイノベーションはコントロールが可能」という信条に基づくものであり、一つの企業内でアイデアを発展させ、マーケティングやファイナンスの全てを実行するという「内向き」の論理を実行させるものだと批判します。そして、このパラダイムは、既に、20世紀の終わりに崩壊しており、巨大企業がイノベーションに失敗する要因は、オープン・イノベーションへのパラダイムシフトに適応していないことであると主張します。

ヘルスケア分野におけるイノベーションでもオープン・イノベーションという考え方は重要です。前述のように情報技術を活用したヘルスケアサービスは今後進展が期待されます。その幾つかの具体例については、第5章でも紹介してあります。この点、情報技術のようにヘルスケアとは異なる分野の技術、ノウハウを活用する場合には積極的な連携が不可欠です、そして、その動きは、参入が比較的容易な法規制の対象外のサービスのみならず、厳しい規制のある新薬の開発のような分野でも実現しています。

端的な具体例として、画期的な新薬の開発を手掛けるメガファーマと呼ばれている欧米の大手製薬企業においては、新薬のシーズを探索するためにバイオ系のみならず情報系のベンチャー企業や大学との連携を積極的に行っています。この動きは日本においても波及しています。古矢（2015）は、従来、日本の製薬企業は自前主義であったが、近年では、創薬の種となるシーズの探索において、積極的にオープン・イノベーションを活用しており、特に国内の大学には創薬シーズの発見に高い能力があり、国内のネットワークの形成によるオールジャパン創薬が期待できると指摘しています。

オープン・イノベーションは既に日本でも広く知られている概念になっています。ただ、提唱者であるチェスブロー自身は、2019年に公開された共著による文献において、オープン・イノベーションが有用であることは広く知られるようになったものの、それを成果に結びつけるための戦略的マネジメントは今後の課題であると指摘しています(Bogers et al., 2019)。ただ、その一方で、組織の柔軟性とビジネスモデルとの関連性が成功の要因になると主張しています。具体的に、オープン・イノベーションの果実を得られる企業は組織の柔軟性があり、既存のビジネスモデルをオープン・イノベーションに適合できるよう再構築することが特徴であるとしています。オープン・イノベーションは、社内と社外の資源を融合させて実現するイノベーションと定義されていますが、資源を融合させるだけでは十分ではなく、組織・ビジネスモデルも変革しなければならないという指摘は重要です。

前章で紹介したようにイノベーションは「技術革新」とイメージされることから、企業内部の技術要素と企業外部の技術要素を組み合わせることがオープン・イノベーションだと捉えられるかもしれません。確かに、このようなイノベーションも重要ですが、ビジネスモデルも近年重要なイノベーションだと考えるべきだということも説明しました。チェスブローも、オープン・イノベーションを実現するためには、ビジネスモデルこそオープンにするべきと主張します（Chesbrough, 2007）。たとえば、技術ライセンスによる他社への技術提供、技術開発成果を別会社で活用するためのベンチャー企業へのスピンオフ、売上を高めるための販売ルートの多様化などオープン・イノベーションの果実を得るためには既存のビジネスモデルと新しいビジネスモデルを両立させる必要があると指摘しています。

(3) リバースイノベーション

他社とは異なる「差別化を目指す」という視点からは、できるだけ先端的な技術を用いて、先進国の高度なニーズを満たすのが良いという考えに結び付きがちです。先進国に向けた画期的な新薬開発や高度な医療機器を開発するなどが、この典型例です。ただ、それだけでは十分ではなく、途上国ならではのニーズを探索し、その成果を先進国の市場に展開するリバースイノベーションが重要であると言う考え方も提示されています。

ヘルスケア分野のみならず、イノベーションと言えば、先端技術を活用し、高度な製品やサービスを提供するというイメージがあります。正に「技術革新」という言葉から連想されるのは、このようなイノベーションと考えられます。確かに、ヘルスケアの市場においても、高度な医療や介護に関する製品・サービスがまず先進国で登場し、その後に、価格を下げながら、徐々に途上国に普及するという市場展開はイメージしやすいです。

しかしながら、近年では、新興国・後進国で製品が開発され、それを先進国に展開する逆の動きが注目を集めています（榊原、２０１１）。従来のイノベーションとは、反転した動きであることから、リバースイノベーションと呼ばれています。

このようなイノベーションがヘルスケア分野であり得るかという疑問を感じる人がいるかもしれません。しかし、イメルトらは、リバースイノベーションの代表例として、世界的な医療機器メーカーであるＧＥヘルスケアがインドの農村部向けに心電図測定装置、中国の農村部向けに超音波診断装置を開発し、その開発成果が先進国へのイノベーションに波及していると紹介しています（Immelt, et al., 2009）。二つの製品とも発展途上国である現地の医療事情に合わせて小型で低価格の製品を開発したものですが、最も先進的な地域であるアメリカ国内に向けても販売されており、新しい用途を開拓しているということです。このような逆転の発想が他社とは異なる差別化を実現する戦略の一つになります。

3　試行錯誤の重要性

(1) イノベーション創出の不確実性

ヘルスケアにおけるイノベーションは決して簡単ではないことは説明しました。ただ、実は、そもそも、「イノベーション」の創出には従来から様々な不確実性があると指摘されています。それは古くからの定義である「技術革新」でも同じです。

アウーは、イノベーションには、①技術のリスク、②市場のリスク、③ビジネスモデルのリスクの3種類のリスクが本質的に内在していると指摘しました（Haour, 2004）。そして、リスクが大きいがゆえに、必然的に、技術系企業の経営者は、イノベーションへの投資を躊躇する傾向があると主張しています。

少しでも技術開発関連の業務に従事した経験があれば、技術開発へ多額の投資をしても、それが必ず成功するとは言えないことは理解できるのではないでしょうか。これが技術のリスクです。また、技術開発が成功して、製品の商業化に結び付いても、それが売れないことも十分に考えられます。これが市場のリスクです。さらに、製品が売れたとしても、数多くの企業が参入し、すぐに値段が下がり、十分な投資回収ができないことも、多くの日本企業が経験しています。あるいは、流通コストの問題や、小売企業からの値下げ要求なども重なって、収益が得られないことも考えられます。これらは、ビジネスモデルのリスクと捉えることができます。

このようにイノベーションを目指した技術開発は、本質的にリスクを内在した投資活動です。ただし、従来の日本企業は、これらのリスクが相対的に低かったため、そのリスクが十分認識されていなかったと考えられます。前述のように、欧米企業がフロントランナーの時代であれば、既に、欧米企業がイノベーションで成功している例を十分に知ることができます。すなわち、どのような製品において、どのような市場が存在しているのか、また、その製品をどのようなビジネスモデルで販売すれば、収益を上げることができるのかということが明確だったといえます。この場合には、市場のリスク、ビジネスモデルのリスクは著しく低く、技術のリスクしか存在していません。技術者は、明確な研究開発目標が与えられ、その目標を早く達成することが戦略実現のための必要十分条件であったと考えられます。

しかしながら、現在の日本企業は高度な技術力を持ち先進的な製品開発に挑戦するフロントランナーになりました。もちろん、これ自体は決して悪いことではありません。ただし、フロントランナーになったために、初めて市場に登場する製品を開発することになり、技術のリスク以外にも、市場のリスク及びビジネスモデルのリスクにさらされることになりました。また、逆に、日本企業を追いかける新興国企業は、日本企業の市場とビジネスモデルを学ぶことができ、技術レベルを向上させれば、収益を得ることが可能になりました。それゆえに、日本企業は、より新しい高度な技術開発に挑まざるを得ず、あるいは、より新しい市場の開拓や新しいビジネスモデルを創出することが必要となり、結果として、イノベーションのリスクは、さらに大きくなる傾向にあると言えるのです。

(2) 試行錯誤のプロセス

イノベーションの実現に至る道筋に、様々な不確実性があるのであれば、必然的に、ある程度の失敗を許容する「試行錯誤」のプロセスが必要になります。もちろん、試行錯誤の目的は失敗を許容すること自体にあるのではなく、失敗から学習することにあります。そのため、試行錯誤は、「試行の積み重ねによって問題の解決に至ることから生じる学習」（小野寺ら、２０１８）あるいは「目標は明確ではあるが、そこにいたる「道筋」がわからないときに種々の思考の「方法」を試して「失敗」を繰り返しながらも目標に到達しようとする行動」（丹羽、２０１０）であると前向きに捉えるべきと考えられます。そして、小野寺ら（２０１８）は、医薬分野においても試行錯誤によるイノベーションの事例、特に医薬分野におけるＩＣＴ（情報通信技術）の利活用の事例を考察しています。もちろん、医療や介護などの分野におけるサービスそのものは、試行錯誤が許されないものも多いです。そのため、具体的には、創薬分野におけるＡＩの活用や治療をサポートするＩＣＴの活用などを事例として紹介されています。詳細な事例はここでは示しませんが、このようなイノベーションにおいては、従来から医療分野のイノベーションを担っている製薬メーカーや医療機器メーカーとＩＣＴを専門とする企業との協業が盛んに行われていることが特徴です。正に、前述のオープン・イノベーション戦略を積極的に実施していることになります。ただし、一方で、異業種との連携だからこそ、不確実性が高くなり、試行錯誤のプロセスが重要になると考えられます。

失敗を前提とした学習プロセスである試行錯誤がイノベーション創出に必要であれば、後に紹介する「できるだけ早く試行と検証を行う」デザイン思考の実践プロセスが有効です。また、その実例として、異分野の人材を選抜して徹底的な潜在需要の探索し、プロトタイプの検証により医療機器分野のイノベーションを創出しているスタンフォード大学の先進的な取り組みも大変参考になります。

もちろん、全ての業務で試行錯誤をするという意味ではありません。丹羽は、定常的に操業していて失敗を最小にしたい高度な技術的組織やシステムを運用する場合には敢えて試行錯誤をさせてはいけないが、未知の分野に挑戦する場合には、マネージャーが部下に対して試行錯誤を推奨すべきであると指摘しました（丹羽、２０１８）。日常の業務ではなくイノベーションあるいは新規事業を創出しようとするチームのリーダーやマネージャーが試行錯誤のマネジメントの重要性を認識すること、そして、未知の新しい領域を開拓する場合には積極的に試行錯誤を推奨するマネジメントが求められます。

なお、未知の分野の開拓とは必ずしも技術開発のみを対象とするものではありません。新しいサービスを提供する場合や新しいビジネスモデルを構築する場合でも、未知の分野に挑戦するのであれば、試行錯誤を推奨するマネジメントが不可欠と考えられます。次節以降にてその具体的なマネジメントを紹介しましょう。

4 具体的な新規事業テーマの提案方法

⑴ デザイン思考

デザインシンキングあるいはデザイン思考は、このような試行錯誤を早期に行い、顧客の問題を解決するアプローチを検討する手法として提案されました。ヘルスケアの分野においても、複雑かつ継続的なヘルスケアの課題に対して新しい解決アプローチを促進するためにもデザイン思考の手法が活用できるとされています（Roberts et al., 2015）。

具体的にデザイン思考は、以下の5つのステップで顧客の課題解決をすべきであると提案しています（スタンフォード大学ハッソ・プラットナー・デザイン研究所「スタンフォード・デザイン・ガイド―デザイン思考5つのステップ―」）。以下、抜粋して、そのステップを紹介します。

①共感

意味あるイノベーションを起こすため、ユーザーを理解し、ユーザーの生活に関心を持つ。特にユーザーの生活環境を観察することが重要である。

②問題定義

正しい問題設定こそが、正しい解決策を生み出す唯一の方法である。意味があり、行動を起こすための問題定義文を作る。

③創造

可能性を最大限に広げるためにアイデア創出を行う。問題の解決策を提案するが、そのアプローチは一つではない。

④プロトタイプ

解決策を考えるためにプロトタイプを作り、学ぶために試す。提示されたソリューションのアイデアを具体的に構想していく。

⑤テスト

テストは、自分の解決策とユーザーについて学ぶための機会である。想定顧客・関係者のコメントからフィードバックを得る。

以上が提示されているステップとなります。単純なようですが、ポイントは、まずはユーザーの観察による問題定義を行い、可能な限りの多くのアプローチからソリューションを提案することです。そして、プロトタイプを作ることにより早期にソリューションのアイデアを試行することにあると考えられます。さらにその試行の結果をフィードバックして、提案したソリューションを改善するか、あるいは別のソリューションを早期に検討することが重要になります。正に試行錯誤を徹底的に行うことに尽きるということを提案しています。

(2) 未来洞察

デザイン思考と同じ様に潜在需要を探索し、それに対して技術シーズを活用してソリューションを提案する方法論として、未来洞察があります。未来洞察とは、鷲田ら（2009）によれば「未来における社会と科学技術の間に発生する問題をシナリオという単位で捉え、幅広い分野の有識者が決められたルールに則って効率的に議論することで、通常の議論や調査では見えにくい強制発想を伴う発見」であるとしています。ここでポイントとなるのは、①社会と科学技術の間の問題をシナリオで捉えて、②幅広い有識者が徹底的に議論し、そして、③通常の議論を超えて強制発想するという点です。なお、②の有識者は学者や研究者など一般に専門家とされる人たちのみではなく、実務経験豊富な社会人も十分含まれますし、場合によっては斬新なアイデアを持つ消費者として大学生や高校生でも構わないと思います。

未来における問題を積極的な議論によって捉えていくというのは、デザイン思考と同じ出発点です。ただ、特に鷲田ら（２００９）はスキャニング手法というアプローチが重要であると提案しています。この手法では、「科学技術の外部にあるような社会変化の発生要因を大胆に科学技術の議論からいったん切り離し、もっぱら外部的な問題として、むしろ一人の生活者として議論」することが重要で、その後、「その社会変化が個別の科学技術領域の技術開発シナリオと交差したとき」の相乗効果を議論します。そして、重要なことはスキャニングにおいて提示される未来は、従来の延長である線形的な未来ではなく、非線形な未来を考えることだと主張しています。その意味で、未来「予測」ではなく、未来「洞察」という言葉を提示しているのです。未来洞察を行う参加者は、専門以外の様々な公開情報からの資料を読み込んでから積極的な議論を行うことが不可欠であるとしています。

新規事業創出の発想において最も重要なプロセスは③の強制発想です。鷲田（２０１６）は、技術開発シナリオと社会変化を別々に考えて、それを交差させることで強制発想することにより、従来の延長ではない、相乗効果のある未来を予測できるとしています。実際に日本総合研究所（2018）は、ヘルスケアにおける強制発想の具体例を提示しています。縦軸には、社会変化の仮説シナリオである「社会変化仮説」を置き、横軸には業界の変化である「未来イッシュー」を掛け合わせる3×3のマトリックスを作成し、それぞれの交差する9つの分野で新規の市場を強制的に発想するという方法を提案しました。具体例として、社会変化仮説の一つとして、『拡張人間とロボットが共存する社会』、未来イッシューの一つとして、『「診断・治療は「症状中心」から「人間中心」へ」』があるとして、それを交差させて、「ボディを自由にデザイン～超長寿ライフに向けてカラダのデザインは当たり前～」という新サービスを強制発想する例が示されています。

(3) 潜在需要と技術シーズの掛け合わせ

未来洞察による強制発想のアプローチは大変興味深く、また使いこなせるのであれば、新規事業創出を検討する有効な手法であると考えられます。ただ、実際の実務においては、社会変化仮説と未来イッシューを検討することは概念が比較的難解で、必ずしも十分に使いこなせない可能性があります。その場合には、試行として、端的に潜在需要を横軸に3

図表2－1　潜在需要と技術シーズによる強制発想の概念図

	潜在需要①（○○の市場は、△△から☆☆へ）	潜在需要②（☆☆を満たす全く新しい○○市場が登場する）	潜在需要③（○○の市場は、△△から☆☆へ）
技術シーズ①（★★を変革する●●技術）		↓	
技術シーズ②（★★を解決する●●技術）	→	潜在需要②と技術シーズ②を合わせた新製品・新サービスを強制発想	
技術シーズ③（★★を変革する●●技術）			

（資料）　筆者作成

つ、将来期待される技術シーズを提示して、それぞれ交差する分野で強制発想することで新製品あるいは新サービスを検討することも一案です。実際に筆者が主催するワークショップにおいても、潜在需要と技術シーズを掛け合わせることで興味深い新製品・新サービスのアイデアが出てきています。図表2―1に強制発想のイメージ図を示しました。

手順としては、まず、将来の潜在需要を想定します。前述のデザイン思考のように顧客を注意深く観察して、顧客の解決すべき問題を定義しても良いですし、あるいは、未来イッシューを想定して潜在需要を洞察することも一案です。あるいは、自分自身や家族の支出など身の回りのことから考える方法もあると思います。自分自身も家族も将来の潜在的な需要を持つ消費者の一人です。

一つ一つのアイデアは一人で考えたとしても、それをグループで議論することが重要です。何人かで議論することにより、市場のあるべき姿、また、現在の市場の動向を概念化し、文章化します。具体的には、「○○の市場は、△△から☆☆へ」あるいは「☆☆を満たす全く新しい○○市場が登場する」という文言にします。☆☆は一番重要な潜在需要ですが、その潜在需要を満たす市場の名称である○○も明記し、現在満たされているニーズがあれば△△、もし該当するニーズがなければ、全く新しい市場が登場することになるため、その内容が分かるように文章化します。

次に将来、たとえば、5～10年後に実現されているシーズを提示します。既に自社が有している技術で今後開発成果が見込まれる技術シーズがあれば、それは重要な技術シーズの候補となります。自社で有している技術を活用できれば、差別化に繋がる競争優位の源泉になります。ただ、自社で持っていない技術でも、オープン・イノベーションによって、他社から調達するという考え方もできます。サービス企業は基本的に他社からの技術開発成果を活用しているはずです。そのため、様々な文献から、将来実現が期待できる技術シーズを候補として挙げることでも十分です。ただ、技術シーズそのものに意味があるのではなく、顧客の問題を解決しなければ事業化できません。そのため、その技術シーズが何の問題を解決するのかを明記する必要がありますので、たとえば、「★★を変革（解決）する●●の技術」という文言にします。

重要なポイントとして、必ず理解しておかなければならないのは、潜在需要と技術シーズは別々に検討することが不可欠であるということです。両者を関連付けて検討しては強制発想の意味がありません。もちろん、別々に考えると、潜在需要と技術シーズが簡単に関連付けられないと批判があるかもしれませんが、簡単に関連付けられないからこそ、意外な製品やサービスを思いつくという強制発想の意義があると言えます。

以上をまとめると、別個に検討した潜在需要と技術シーズを3行×3列のマトリクスとして明示して、それぞれ9個の新製品・新サービスを強制発想することが重要です。それぞれのマスには、製品やサービスを表す分かりやすい言葉で提示します。ここでは、シーズで「実現できる」ことよりも、顧客の課題を「解決する」という視点が重要です。最終的に1つのマスあるいは複数のマスを拡張して、新規事業を提案します。

以上のように単純な方法ですが、筆者としては、試行する価値はあると考えています。

特にヘルスケア分野においては、自分自身や家族など身近な人も重要な消費者の一人であり、改めて複数の参加者で積極的に議論すると潜在需要とそれを解決するアイデアは数多く出てくると思います。

5 スタンフォード大学の先進事例

上記のような潜在需要の探索によって、医療・介護の現場に活用できるような医療機器やサービスが登場することはないと思われるかもしれません。しかしながら、実際に様々な分野の専門家が集まって、徹底的な現場観察を元に、自由闊達な議論を積極的に行うことによって、ヘルスケア分野の発展に役立つイノベーションが次々と生み出されている先進事例があります。以下紹介しましょう。

周知のとおり、米国西海岸に位置するシリコンバレー地域は、世界で有数のハイテク・ベンチャー企業の集積地です。ここでは、未だ市場として顕在化しておらず、顧客も気付いていない潜在需要の開拓に成功したイノベーションが数多く創出されています。この地域の中核的な研究機関は世界的に有名なスタンフォード大学です。そして、スタンフォード大学では、医療分野における技術革新をリードする人材の育成をミッションに掲げて“biodesign program（以下、バイオデザイン・プログラム）”と呼ばれる学際的教育プログラムが2001年から行われています。

バイオデザイン・プログラムは、医学・工学・ビジネス分野の知識を融合し、将来の医療デバイス開発をリードできる人材の育成を目的とした先進的な教育プログラムです。このプログラムでは、異なる専門分野の知識を持つ人材をフェローとして採用します。4人のフェローがチームを編成し、十ヶ月間にわたる徹底的な医療現場の観察と観察結果に基づく潜在需要開拓に向けた積極的な議論を行い、潜在需要を満たすためのデバイスやソフトウェアの提案、そして初期開発にいたるまでの一連のサイクルを教育プログラムとして実行しています。

筆者も共著となっているヤングら（2014）の報告によれば、公募によって参加メンバーは採用されます。プログラム開始は毎年8月からとなっており、最初の一ヶ月はオリエンテーションの期間に充てられ、その後、原則として4名のチームに分けられ、スタンフォード大学病院内の医療現場にて徹底的な現場観察を行います。ここでの多くの「気付き」から、積極的な議論を通じて潜在的な課題・需要がリストアップされます。これらの潜在需要に対して、技術的な可能性や市場性が検討され、学内外の専門家のアドバイスを受けながら、12月中旬までにソリューションの提供対象となる潜在需要が絞り込まれます。最終的には5つ程度を選定し、1月から、その潜在需要を満たすようなソリューションを検討していきます。その上で事業化を目指すソリューションは一つに絞り込まれ、事業計画が練り上げられていきます。事業計画は6月の最終プレゼンテーションの場で発表されます。

ヤングらによれば、バイオデザインの最大の特徴は、メンバーの選抜とチーム作りにあります。特筆すべきは、フェローの選抜段階から意図的に多様な分野の人材を想定し、異なる能力を適切なマネジメントにより1つのチームに融合させることを明確に意図している点です。具体的には、イノベーション創出のためには(1)「作る（builder）」、(2)「調べる（researcher）」、(3)「診る（clinician）」、(4)「まとめる（organizer）」という4つの能力（能力者）が必要だと定義し、各チームにこれらの能力を有する4人で一組のチームを組成します。このような具体的なイノベーションの能力に基づいたチームを編成するからこそ、独創的な気付きにより潜在需要を開拓できると考えられます。

具体的な採用者のイメージは、「つくる」人とはプロトタイプが作れる手先の器用なエンジニア、「調べる」人とは既存研究のレビューができる工学系博士、「診る」人とは臨床医療の経験があって現場をよく知る医師、「まとめる」人とは企業で実際にプロジェクトの運営をした経験があるＭＢＡ保持者を想定しています。場合によっては１人がこのうち２つ以上の特性を持ち合わせることもありますが、チーム単位で考えたときにこれら４つの特性が全て備わっていることが、チームが機能し、目的を遂行するために不可欠とされています。

このような採用を敢えて行っているのは、同質の知識を持った人材ばかりでは、アイデアに限界があると考えていると想定されます。日本でも「三人寄れば文殊の知恵」とよく言われますが、異なる専門や異なる考え方を持った人材が集まることはイノベーション創出において重要だと考えられます。ただ、実際に異なる専門性を持つ人材を集めて、意図的にチーム作りをして積極的な議論を行っている企業は決して多くないのではないでしょうか。このプログラムは、敢えて、イノベーションに必要な能力を定義してから異質な人材を採用しており、これが重要な成功要因になっていると評価できます。

イノベーションの創出においては、まずは最初の潜在需要の探索が極めて重要になります。その点、様々な専門性や異質な属性を持つメンバーを意図的に組み合わせたバイオデザイン・プログラムでは、より多くの「気付き」が可能になります。医療現場を観察する訳ですから、医師の資格を有したメンバーは不可欠です。ただ、それだけではなく、プロトタイプをすぐ作れる人材、事業創出の専門家、経験豊富な実務家など、異なる専門とバックグランドを持った人材が集まることが重要であることを示した実証例となります。専門外の人材が通常立ち会うことのできない医療現場にて徹底的に課題抽出を行い、活発な議論を行うことで、医師も患者も未だ認識していない潜在的な需要を開拓できると考えられるのです。

バイオデザインは、先進的な「教育」プログラムですが、これによるイノベーション創出の成果も卓越しています。2020年3月時点のバイオデザインのWEBサイトには、その成果が公表されています（http://biodesign.stanford.edu/our-impact.html）。前述のように2001年からプログラムは開始していますが、2020年までの約20年間で173人のメンバーが修了しています。そして、このプグラムの成果から50の新しいヘルスケア企業が設立され、約780億円（7・72億ドル）の資金調達が行われています。その結果、1,141人の正規雇用が実現し、70％の企業が現時点でも活動し、20％の企業が買収されたとのことです。そして、何よりも約273万人の患者が救われたことが公表されています。これらが、素晴らしい成果であることに異論を唱える人はいないでしょうか。

6 まとめ

本章では、ヘルスケア分野のイノベーション創出の戦略的マネジメントについて紹介しました。まずは、イノベーションの創出には多くの不確実性があることを指摘しました。そのためには、試行錯誤を許容するような戦略的マネジメントが不可欠です。もちろん、試行錯誤を推奨するようなマネジメントは簡単ではありません。また、イノベーションの最初の段階である潜在需要の探索も決して容易ではありません。しかし、一方で、決して不可能ではないことも理解できたのではないでしょうか。

重要なことは異分野の人材を集めて積極的な議論を行うことにあります。もちろん、ただ、積極的な議論を行うのではなく、その議論をまとめて形あるものにしていくリーダーの役割が重要と考えます。実際に、ヤングらは、バイオデザインでは、異分野の専門家にチームを組ませるだけでなく、メンバー間の闊達な議論を確保するマネジメントを通じて、チームがその学際性を活かしてより多くの「気付き」に達する環境を提供しており、この点において、プログラムのディレクターが果たす役割が大きいと指摘しています。

異質な人材の専門知識を融合させるためには、積極的な議論が必要です。情報技術の進展とともにコミュニケーション手段も多様化していますが、画期的なアイデアを融合して、新しいイノベーションを創出させるためには、やはり対面による議論がもっとも望ましいと考えられます。そのため、日常的にメンバーが対面し議論が活発に行われるような雰囲気作りが重要です。

第3章

ヘルスケアビジネスの潮流

1 ヘルスケアビジネスコンテストからみるイノベーション

２０１０年代の「地方創生」の流れからいわゆる「社会課題解決型」のベンチャービジネス、ソーシャルビジネスが盛り上がりを見せています。社会課題解決型とは、従来は行政が担うことがあたりまえと思われていた健康、医療、介護、観光、農業、住民サービス等の地域対策を中心としてビジネスによる課題解決をはかる試みのことで、全国で盛んに行われています。

課題解決型のビジネスでは、高齢化社会による国の医療費膨張を抑えるため、民間企業のサービスで治療から予防へという潮流ができつつあります。特に予防の分野で大きな成果を上げている事例では、数億円単位の医療費が適正化できたという試算もあります。つい最近までビジネスとして少数派であったヘルスケア分野からさらなる大きな成果を発掘するために、全国各地でヘルスケア分野のビジネスコンテストが開催されています。

(1) 東西ヘルスケアビジネスコンテストの概要

ジャパンヘルスケアビジネスコンテスト（経済産業省／以下ＪＨＢＣ）

２０１６年より開催されています。企業規模は新興市場上場～ＶＣより資金調達済が多くあります。特徴としましては医療・介護・健康分野における先端技術（AI/Iot/ICT等）を活用したサービスが多く入賞しています。２０１９年からアイデア部門を追加し、スタートアップも増加しています。

健康産業有望プラン発掘コンテスト（大阪府／大阪産業局等）

２０１７年より開催しています。応募条件として事業化１年程度のビジネスプランとしていることから、試作レベル～資金調達中のビジネスが中心になります。

特徴として主に介護・健康分野が中心で製品からサービスまで幅広くあります。

両ビジネスプランコンテストを見ますと、ファイナリストについては医師・薬剤師・ＰＴ・ＳＴ等の専門職が代表や役員を務めている企業が非常に多く見られます。また従来型のビジネスモデルに見られるような製品・商品の販売に留まることなく、計測↓サービス利用↓チェックといった、いわゆるＰＤＣＡサイクルのような一連の流れが確立されてい

図表3－1　JHBC受賞者一覧（アイデア部門除く）

	社　名	ジャンル
2016グランプリ	MRT株式会社	ICT/遠隔診療
2016優秀賞	株式会社イデアクエスト	IoT/見守り
	株式会社こころみ	通信/出版
	株式会社竹屋旅館	飲食/糖尿病食
	株式会社ミナカラ	ICT/薬剤師相談
2017グランプリ	トリプル・ダブリュー・ジャパン株式会社	IoT/排泄予知
2017優秀賞	エルピクセル株式会社	医療機器/画像診断
	株式会社O：(オー)	IoT/睡眠可視化
	ヘルスグリッド株式会社	ICT/体力可視化
	株式会社メドレー	ICT/遠隔診療
	株式会社リクルートライフスタイル	検査/精子可視化
2018グランプリ	株式会社mediVR	VR/リハビリ機器
2018優秀賞	株式会社iCARE	ICT/健康経営
	OQTA株式会社	IoT/コミュニケーション
	株式会社PREVENT	ICT/重症化予防
	株式会社ユカシカド	検査/栄養可視化
2019グランプリ	株式会社カケハシ	ICT/薬剤師支援
2019優秀賞	アンター株式会社	ICT/医師コミュニティ
	株式会社ウェルモ	AI/ケアマネジメント支援
	株式会社T-ICU	ICT/遠隔集中治療支援
	株式会社NeU　※第5章(2)参照	IoT/脳機能可視化
	株式会社ニューロスペース ※第5章(3)参照	IoT/睡眠可視化
	株式会社リモハブ	ICT/遠隔リハビリ
2020グランプリ	CI Inc.	ICT/病児保育ネットワーク構築
2020優秀賞	エーテンラボ株式会社	ICT/重症化予防
	株式会社リハートテック	医療機器/嚥下トレーニング
	株式会社ジョリーグッド	VR/ソーシャルスキル支援
	アトピヨ	ICT/アトピー可視化

（資料）　経済産業省資料より筆者作成

図表3－2　OKJPファイナリスト一覧

	社　名	ジャンル
2017大阪府知事賞（最優秀賞）	アルカディア・システムズ株式会社	IoT/運動
2017優秀賞	海商株式会社	食品/フレイル予防
	小山　昭則	IoT/歯ブラシ
2018大阪府知事賞（最優秀賞）	株式会社ノビアス	毛髪分析/栄養可視化
2018優秀賞	株式会社テルミーソリューションズ	毛髪分析/糖尿病予防
	まごとも	配食/コミュニケーション
2018 大阪シティ信用金庫賞	株式会社未病マーカー研究所	検査/腸内環境可視化
	ゼク・テック株式会社	医療支援機器製造販売
2019大阪府知事賞（最優秀賞）	シルタス株式会社	ICT/栄養可視化
2019優秀賞（堺市長賞）	株式会社リハートテック	医療機器/嚥下トレーニング
2019 大阪シティ信用金庫賞	株式会社 With Midwife	助産師企業派遣
	株式会社モンキャラメル	ICT/救急タグ
2020大阪府知事賞（最優秀賞）	株式会社テクリコ	MR認知症予防サービス
2020優秀賞	株式会社 E-GAO	メンタルヘルス血液検査サービス
2020 大阪シティ信用金庫賞	カンエ	障害者訪問服薬支援
	株式会社くるみの森	オンライン言語リハ
2021大阪府知事賞（最優秀賞）	ケイズ技研株式会社	安定走行電動アシスト3輪自転車
2021優秀賞	susuROBO 株式会社	アナログSNS
2021 大阪シティ信用金庫賞	ビーイング	BizYoga+®
	奈良女子大学	脂肪肝対策ドリンク
2022大阪府知事賞（最優秀賞）	Rehabilitation3.0株式会社	AI睡眠測定サービス
2022優秀賞	株式会社ウラタニ・ラボ	瞳孔計測認知機能検査
2022 大阪シティ信用金庫賞	株式会社 JUMPLIFE	なわとび教室運営
	株式会社ビズジーン	歯周病菌即時測定

（資料）　OKJP ホームページより筆者作成

ることが、ファイナリストに選定される条件となっていることがわかります。

また、その専門性にも目を見張るものがあり、ドクターベンチャーと呼ばれる医師が立ち上げたベンチャー企業や薬剤師、看護師、ＰＴ、ＯＴ等のセラピストが何らかの形で事業運営に関わっているものがほとんどです。

中でもＪＨＢＣにおける5年間のビジネス部門ファイナリストの28社中18社が病院や薬局、介護事業者をターゲットに設定しています。自社のサービスを病院、薬局、介護事業者等専門的な機関に提供することで個人にも便益を提供するスタイルが目立ちます。確かにヘルスケア分野における出費は個人ベースで消費全体の30％程度[1]と言われていることから、大きく全国展開を目指すＪＨＢＣのファイナリストにとっては、専門機関を介して提供するモデルが必然かもしれません。

逆に健康産業有望プラン発掘コンテスト（以下ＯＫＪＰ）では3年間のファイナリスト30社中、過半数を超える16社がＢｔｏＣモデルで、直接的なサービス提供を進めています。

イノベーションの芽という観点からは、ＪＨＢＣでは毎年のグランプリがほぼＩＴＣを

（1）２０１４年厚生労働省調査「実際に出費した額」がある割合32・４％

活用して新たな価値観・付加価値を提供するビジネスモデルを掲げています。

ただイノベーションの芽につきましては、ヘルスケア分野特有の事象ではありますが、医療分野の法規制、介護分野の法規制等様々な法的・制度の壁が存在します。たとえば、遠隔診療・健康相談サービスは健康保健制度をうまく活用することでこれからオンライン診療の時代が来るという新しい流れを創り出し、同様のサービスが様々な企業から提供されるようになりましたが、本書を執筆している２０２０年の新型コロナ流行に伴う特例措置として初診オンライン診療が認められ、普及が進むことになりました。

平時、初回診療については、対面を義務付けるという法の壁、遠隔診療を行うためのデバイス（主にスマホ）を医療機関を利用するボリュームゾーンの高齢者が使いこなせていないという社会の壁も存在しています。

また排泄予知ウェアラブル機器についても、介護施設で入居者の排泄予知に基づいて計画的な行動ができるという点では大きなメリットはありますが、介護保険の対象にならず、購入は介護施設の全額自己負担になるという法の壁、また、介護は人が心を込めて行うものという考えによる社会の壁の存在も垣間見えます。

ＯＫＪＰで２０１７年に最優秀賞を取ったＩｏＴ運動システムは、元来、遠隔リハビリの運動システムとして大学病院と開発した医療機器を、運動メニューの強度調整を行って高齢者向けに展開したいというビジネスプランで、介護施設への販路拡大を模索していますが、前述の排泄予知ウェアラブル同様、法の壁、経済の壁をどのようにして超えていくかが課題となっています。

また、毛髪を分析して体の状態を可視化し、ソリューションにつなげていくというビジネスモデルがあります。こちらも生体情報の扱いという法の壁と、分析は格安で行い、その後のソリューションで利益を上げるという昨今のトレンドを踏まえた継続の壁をどのように乗り越えていくのか注目しています。

(2) ヘルスケア・イノベーションの4つの壁

ヘルスケア分野のイノベーション＝社会変革を起こすレベルの普及と捉えるならば、前述したように、大きく分けて法の壁、社会の壁、経済の壁、継続の壁という4つの壁をどのように乗り越えていくのか、自然に解消されていくのかという選択が、イノベーションの芽からイノベーションへとブレイクスルーするポイントとなります。

現状では筆者の知りうる限り、この4つの壁の中でも一番高く難しい壁が「経済の壁」

図表３－３　４つの壁

状　態	概　　　要
法の壁	医療・介護等の法による規制により拡大の機会が減少していないか
社会の壁	インフラ、習慣、社会的コンセンサス等の転換が見込めるか
経済の壁	誰がどのタイミングで支払うのか、価値観の変化
継続の壁	行動変容をいかにして継続させるか

（資料）　筆者作成

だと認識しています。法の壁につきましては後述しますが、従来法では対応できないサービスの出現により様々な規制緩和や特別な実証実施の流れがあり、社会の壁、継続の壁につきましてはサブスクリプションという定額サービスが一般的になりつつあり今後拡大されていくと予想されますが、ヘルスケア分野に関して「経済の壁」は永遠のテーマのような気がしてなりません。

安直な比較ではありますが、人間の体を機械に例えると、コストをかけてメンテナンスをしながら長く良好な状態を保つ（ヘルスケアサービスを購入して良好な状態を保つ）のと、コストは最低限に抑えて故障する度に修理する（健康保険を利用して治療する）という2つの方法論の比較で、現状では後者のほうが選ばれがちと言わざるを得ない状況です。そういった意味では、ヘルスケア分野でイノベーションを起こすには〝健康維持にはコストがかかる（から後回し）〟という価値観を変化させ「経済の壁」を乗り越えていく必要があると思われます。

2 ヘルスケアサービスガイドラインからみるイノベーション

ヘルスケアサービスの安全性・品質についてはかなりの時間をかけて議論されていますが、特定保健用食品（以下トクホ）や機能性表示食品、医薬品・医療機器等の品質・有効性及び安全性の確保等に関する法律（以下薬機法）に比べて、どのレベルで品質を担保するのかが焦点として上げられます。

2020年3月現在で「ヘルスケアサービスガイドライン等のあり方」を踏まえた業界自主ガイドライン・認証制度リストとして、特定非営利活動法人日本エステティック機構のエステティックサロン認証基準、一般社団法人日本エステティック業協会の優良サロン制度、一般社団法人日本フィットネス産業協会のFIA加盟企業施設認証制度、一般社団法人日本ホームヘルス機器協会の健康増進機器認定要領の4つが受理されています。

ヘルスケアサービスガイドラインについては、他の3つがいわゆる法による規制であるのに対し、それまで業界団体として自主的に策定していた品質管理ガイドラインを、経済

図表3－4　各制度の概要比較

名　称	概　　要	取得難易度	所轄官庁
トクホ	ヒトを対象に有効性、安全性試験を行い、科学的根拠を明確にして許可を取得。	高難度	消費者庁が許可
機能性表示食品	ヒトを対象にした論文、文献により科学的根拠を示して届け出。	中難度	消費者庁へ届け出
薬機法	ヒトを対象に臨床研究を行い、倫理的、医学的根拠に基づいて医療機器・薬品として承認を取得。	超高難度	厚生労働大臣が承認
ヘルスケアサービスガイドライン	ヘルスケアに関係する業界団体等が業界自主ガイドラインについてヘルスケアサービスガイドラインを踏まえていることを自己宣言。	低難度	経済産業省が受理

（資料）　筆者作成

図表3－5　ヘルスケアガイドラインロゴマーク

（資料）　経済産業省資料

産業省が一括管理してPRしていくという新たな流れができつつあります。特にヘルスケア分野においてはローカルな認証制度や表彰制度が全国で乱立している状況にあります。これは、ヘルスケア分野においてエビデンスの確かさがPRの方法や販売方法に大きく影響するという現状もあり、自治体や業界団体が一定の基準に沿って個々に認定や表彰を実施しているためです。これを統一的に取りまとめる制度としてのヘルスケアサービスガイドラインという制度はよくできていると感じます。

主に以下のような観点から進められています。

（ア）**透明性**

①業界自主ガイドラインは、以下に示す事項を踏まえ策定及び公表されるべきである。

1）透明で中立的な場における議論（業界団体ホームページ等での資料及び議論の経緯及び関係資料の開示が望ましい）を経て策定されるべきである。

2）業界団体以外に広く意見を聴取する仕組み等を用い、仲介者や利用者の視点を踏まえた議論を行うべきである。

3）策定された業界自主ガイドラインは、業界団体ホームページ等で公表されるべきである。

②業界自主ガイドラインでは、必要に応じ事業者に対し、社会的責任にかかわる情報（倫理規程や利益相反規程、プライバシーポリシー並びにそれらの管理体制等）の策定や開示を求めるべきである。

（イ）客観性

業界自主ガイドラインでは、事業者が自身のヘルスケアサービスによる健康の保持増進や介護予防の効果（安全性に関するものも含む。以下同じ）を関係法令等を遵守した上で提示する場合において、仲介者や利用者より、その効果の裏付けとなる根拠を問われた場合に備え、当該根拠を開示する体制の整備を求めるべきである。

なお、根拠を開示する際には、事業者が提供するヘルスケアサービスの効果が基本的な考え方に照らし、どのように妥当なのかを分かりやすく仲介者や利用者へ示すことが重要である。

また、開示される根拠については、用語の定義や情報源（一次情報、二次情報）、対象者（属性、人数）、測定方法（実施時期やデータ取得、分析方法等）等を明確に示すことで、健康の保持増進や介護予防の効果の信頼性を確保することを求めるべきである。

（ウ）継続性

業界自主ガイドラインでは、事業者がヘルスケアサービスを継続して提供することが可能であることを明らかにするため、人的資源や財務基盤がどの程度用意されているのかを示すことを求めるべきである。

また、仮に事業者がヘルスケアサービスの提供を中止する場合に備え、当該サービスの補償や事業者における対応等を事業者が利用者と契約締結前に明らかにすることを求めるべきである。

※経済産業省　2019年4月「ヘルスケアサービスガイドライン等のあり方」より抜粋

このように透明性・客観性・継続性の観点を明確にして自己宣言を行うことで、サービス品質の担保を目指しています。図表3―4にあります3つの法規制と明らかに違うのは、効果について根拠の開示をするという点です。3つの法規制については効果・効能を表示するために科学的根拠を示して審査を受けるというプロセスを経ますが、ヘルスケアサービスガイドラインについてはあくまでも性善説に基づいた自主宣言であることが画期的であると言えます。とはいえ、まだ2019年から運用が始まった制度ですので、どれだけ影響力のある業界団体や企業が宣言を行うか、それにより今後どのように拡大していくのか注目しています。

もうひとつの特徴としましては、図表3―4にあります3つの法規制は基本的にコンシューマー向けに効果・効能表示を行うことを中心に設計されていますが、ヘルスケアサービスガイドラインにおいてはＢｔｏＢ及び仲介者向けの制度としての運用を目指している点にあります。

主に高齢者向けサービスを介護保険外サービスとして活用する際によく言われることではありますが、保険外サービスは多く存在しますがどれをどう使うのが適切なのか判断材料が乏しいという意見があります。当然、保険外サービス事業者は自社のサービスのセールスポイントを積極的にＰＲしてくるので、リスクを事前に開示することは多くありません。それゆえ、まさしく透明性・客観性・継続性を自主宣言しているという点は保険外サービスを選定する介護施設やケアマネージャー、介護しているご家族にとって大きな判断材料になるのではないかと期待しています。

ヘルスケアサービスガイドラインは前述の筆者が言うところの「ヘルスケア・イノベーションの4つの壁」を超える指標として、法の壁、社会の壁、経済の壁、継続の壁のうち、とくに社会の壁を超えるのに適しているのではないかと思われます。ヘルスケアサービスガイドラインに則して自主宣言することにより、一定の基準でサービス品質が担保されたヘルスケアサービスが社会に受け入れられ、経済の壁を超えて継続的に使用されていく。このような流れを作るヘルスケアサービスガイドラインは、イノベーションを起こしていくには必要不可欠な制度だと思われます。

3 日本発のヘルスケアビジネスの海外展開の可能性

日本ではヘルスケア＝公的保健外の製品サービスがイメージされることが多いですが、海外ではヘルスケア＝予防・治療を含む健康にかかわる全般となっています。ここでは日本発のヘルスケアビジネスを狭義のヘルスケアビジネス＝医療保険外のビジネスとして話を進めさせていただきます。言葉の定義の違いや各国の規制に合わせた戦略が必要な状況にあります。たとえば、車いすは中国では医療器具として扱われ、サプリメント等の健康食品に関しても米国ではＦＤＡ（米国食品医薬品局）の認証が必要となります。

ヘルスケアサービス企業においても海外、とくにアジア諸国の展示会に出展してかなりの手応えを得ているケースもあります。健康に関するニーズはグローバルで対応できる可能性が高くなっています。ただ、ヘルスケアビジネスについては製品の輸出、現地での販売だけではなく、現地パートナーがＢｔｏＢであれＢｔｏＣであれサービス提供を行うというプロセスが必要になってきますが、この部分が海外展開を進めるにあたってハードルを上げる要因となっています。日本発の製品が海外で販売されている例は枚挙にいとまがありませんが、日本発のビジネスモデルが海外で成功している事例はまだまだ多くありません。

アジア諸国、とくに中国に対しては様々なヘルスケアビジネスがアプローチしています。とくに積極的なのが介護分野で、国内の大手介護事業者はこぞって中国で介護施設の運営に取り組んでいます。

介護事業者特に富裕層を対象にした有料老人ホームのアジアへの展開は２０１０年頃から始まっています。特に中国への進出が盛んに行われ、国内の大手有料老人ホーム事業者は何かしらの展開を行っています。国内の介護保険利用をして運営される老人ホームとの大きな違いは、その豪華さにあると考えられます。

たとえば、テーマパークやゴルフ場、病院を含む総面積５００万坪、３０００室規模の高齢者住宅の計画が発表されていたりします。

このように国内では考えられないような規模で展開され、裕福な高齢者が余生をリゾート施設で過ごすといった感もあります。日本国内で介護というと健康でなくなった高齢者が介護士にお世話してもらいながら余生を過ごすというイメージで考えられがちですが、中国という「富裕層だけで1億人以上存在する」（The Global wealth report 2019より）と言われている市場においては前記のような3000室規模の介護施設が33、000以上も設置できる市場があります。国内の介護保険制度からの給付が抑制傾向にあり、年々厳しくなっていく現状では日本の介護サービスを海外に展開していくという方向性は当然のように思われます。

また、国内介護人材の人手不足を充足するために、インドネシア、フィリピン、ベトナム等のアジア諸国から技能実習生として6万人を受け入れる計画が示されています。日本で介護業務を経験した人材がアジア諸国に戻っていく10年後を見越すと、その6万人が海外進出した日本企業のサービスの担い手になる可能性が高まります。まだまだ先の話にはなりますが、そこに大きなビジネスチャンスを見出せる可能性があり、日本発のヘルスケアサービスの海外展開がアジア諸国を皮切りに展開されていき、将来的にはモデルケースが創出されると期待しています。

4　海外から日本参入のヘルステックビジネス

スマートフォンの普及により、計測＋通信が可能なデバイスを個人ひとりひとりが持つようになり、そこに、ヘルスケア領域への参入を目指す海外企業、とくにアメリカの大企業が積極的な投資を行っています。

ヘルステック企業とヘルスケア領域の相性はいいように見えますが、誰に売るのか？という課題が常につきまといます。国内企業であれば自治体等公的機関との協業で市場を獲得していくこともできますが、スマホというデバイスに付属している「機能」として無料アプリが広く普及しているだけに、課金モデル化が難しい現状があります。

海外では使用されているものでも日本では使用できないという状況も、しばしば目にすることがあります。たとえば診断・治療関連ではアップルウォッチが2019年に発売されたシリーズ4において心電図機能が搭載されていることが大きなニュースとなりました。しかしながら国内で心電図として活用するには医療機器としての認証が必要となり、日本国内では使用できない仕様となっています。

米国ではＦＤＡ（米国食品医薬品局）が医薬品・医療機器・健康食品の認可を発行していますが、その内容をみると心電図計測機器としてではなく、あくまでも計測記録を表示するアプリケーションとして認可されているところが興味深く感じます。

日本で法の壁を超えるには医療機器としてアップルウォッチの認証、その製造工場の認証、臨床検査を経た計測アプリの認証と様々な手続きが必要となっています。（※２０２０年９月医療機器認証取得）

その他にも「保険・薬局」分野ではオンライン薬局のスタートアップをアマゾンが買収し、仕入れルートと薬局営業許可を取得していますが、Ｗｅｂを通じて世界中に販路を持つアマゾンが本格的に医薬品販売に乗り出せば、国内医薬品市場も少なからず影響を受けると思われます。国内におきましても処方箋薬、要指導薬品を除く医薬品のネット通販がほぼ解禁と言える状況になったのは２０１４年のことで、医薬品のネット販売規制が議論され始めた２００６年から８年かけてようやくたどり着いたという経緯から見ても、相当な時間がかかると想定されます。

また、「情報の管理／運用」の分野では、いわゆるパーソナルヘルスレコード（以下Ｐ

HR）をアップルがアプリとして導入しており、既に国内でも多く使われている状況にあります。ヘルスケアアプリと連動するデバイスは多々存在し、あくまでも記録用として使われていますが、ここから「継続の壁」を乗り越えていくためのインセンティブやサービスの創出が待たれます。

5　ヘルスケアビジネスの将来像

日本国内では厳しい法規制、従来からの価値観もあり、実証事業を進めていくにあたってもかなりの壁を越えていかないと前に進めない状況にはありますが、経済産業省が2014年から開始した事業において規制の解釈・適用の有無を確認する「グレーゾーン解消制度」、まず事業の実証を行い、規制改革・事業化につなげる「プロジェクト型サンドボックス」、規制の特例措置を受けて事業化する「新事業特例制度」等イノベーションへチャレンジできる環境が整いつつあります。ヘルスケアビジネスにつきましては筆者も関西で事業創出の研究会やワークショップを実施していますが、健康・医療・介護といったいわゆる社会課題解決という分野においてはなかなか目新しい発想が出てこないのが現実としてあります。社会課題解決というテーマになると自由な発想よりもまじめなお堅い発想になりがちで、筆者はこれを「世のため人のためベクトル」と呼んでいますが、まじめなお堅い発想になると行政が予算度外視で実施する方向性の議論になってしまいます。

確かに健康の推進・管理は行政が行うイメージが強く、全国の市町村においても健康ポイントによるインセンティブを与えることで健康増進に取り組んでおり、健康無関心層の掘り起こし等成果も上がっている市町村も多く存在します。先進的な自治体ではソーシャルインパクトボンド（以下SIB）の組成や、リビングラボを設置し、成果が明確になるような施策も多数動き始めています。もちろんインセンティブを与えるためのシステム運用や仕組み作りがビジネスとして成り立っている側面はありますが、あくまでも自治体予算に依存している形となり、近年の健康インセンティブブームが一巡すればどのような流れになるのか一抹の不安があります。

そんな状況の中、SIBとリビングラボが今後の健康増進施策の本流になっていくのではないかと想定しています。SIBは2010年にイギリスで始まり、2015年より国内で実証事業がスタートしています。2020年3月現在では八王子市、神戸市、堺市、岡山市等が積極的に実施し、その成果が注目されています。SIBはヘルスケアビジネス

図表3－6　SIBの概要

〈SIBの一般的なスキーム〉

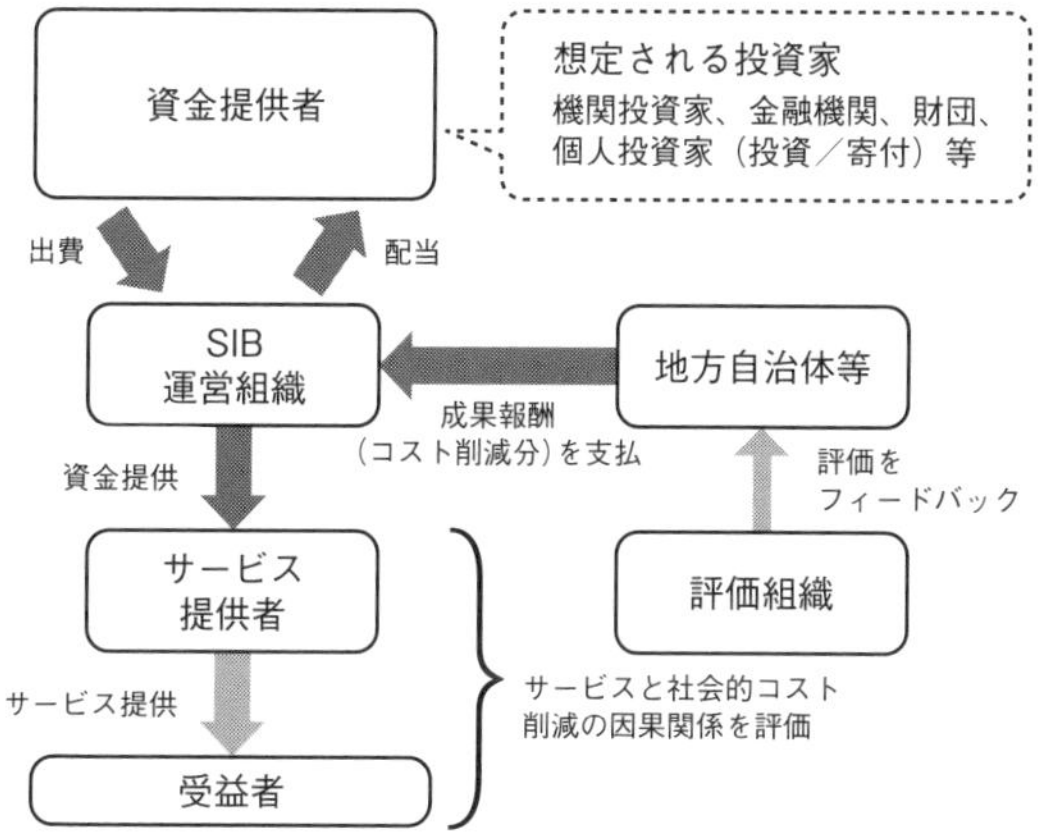

〈SIBによる行政コスト削減イメージ〉

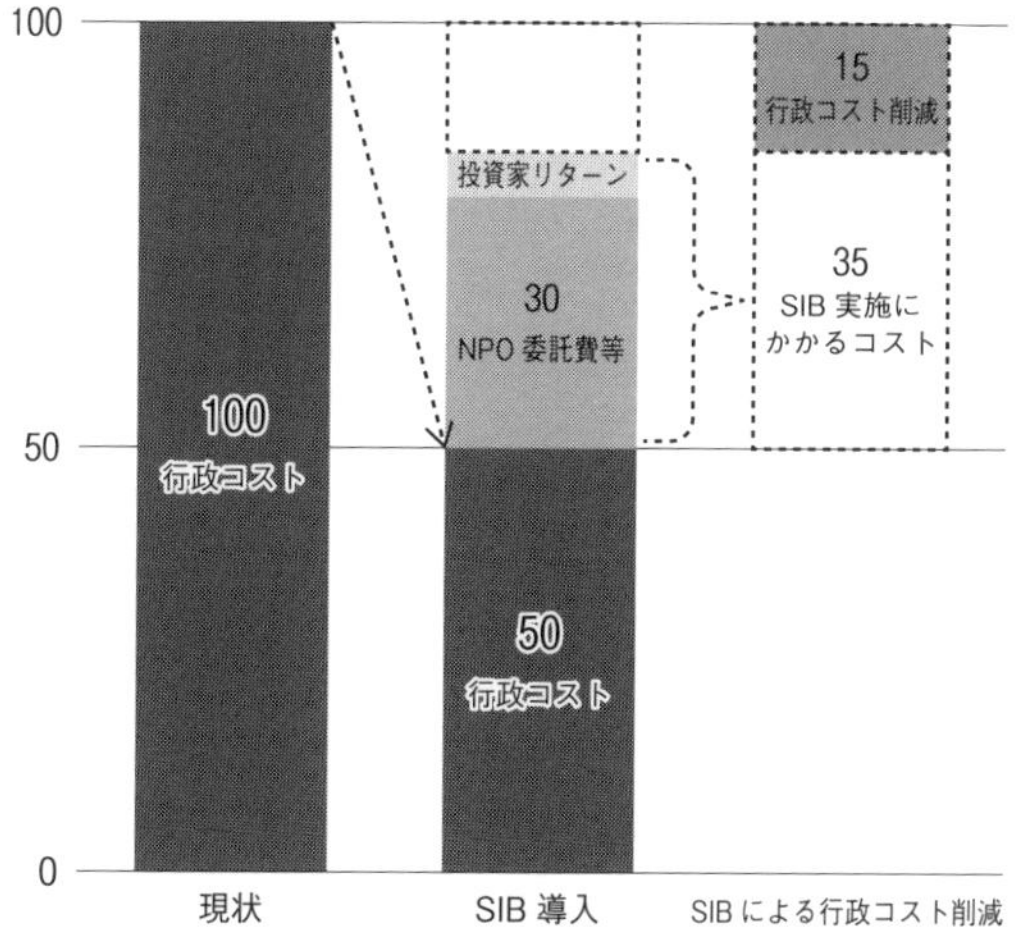

（資料）　経済産業省資料

との相性がよく、行政コストによる健康増進施策につきまして専門性を持つ民間企業が実施することでより成果が上がり、行政コストも低減させることができるという理想的なビジネスモデルとなっています。

図3―6にある、サービス提供者によるサービスは、イノベーションの芽として各地で実施されている状況にあります。大きな成果が出ればイノベーションの芽からブレイクスルーする新たなサービスが創出される可能性があります。

またリビングラボについては鎌倉市、松本市、高石市等が積極的に活動しています。中でも高石市はポイント事業と連動させて市民発のヘルスケアビジネス創出に向けてリビングラボを設置し、新たな流れを生み出そうとしています。高石市は大阪南部に位置し、大阪市内中心部まで電車で約30分、人口約5万9千人のベッドタウンであり、高齢化率約27%、市域の半分が臨海工業地帯となっている自治体です。

２０１７年から人口の約5%にあたる３０００人が参加する第2期「健幸ポイント」事業開始と同時に「高石健幸リビング・ラボ」を設置し、市民・企業・行政が共創するヘルスケアビジネスの展開を行っています。

高石健幸リビング・ラボでは主に4つの機能を有し、創造の場としての「ワークショッ

図表3－7　高石健幸リビング・ラボの概要

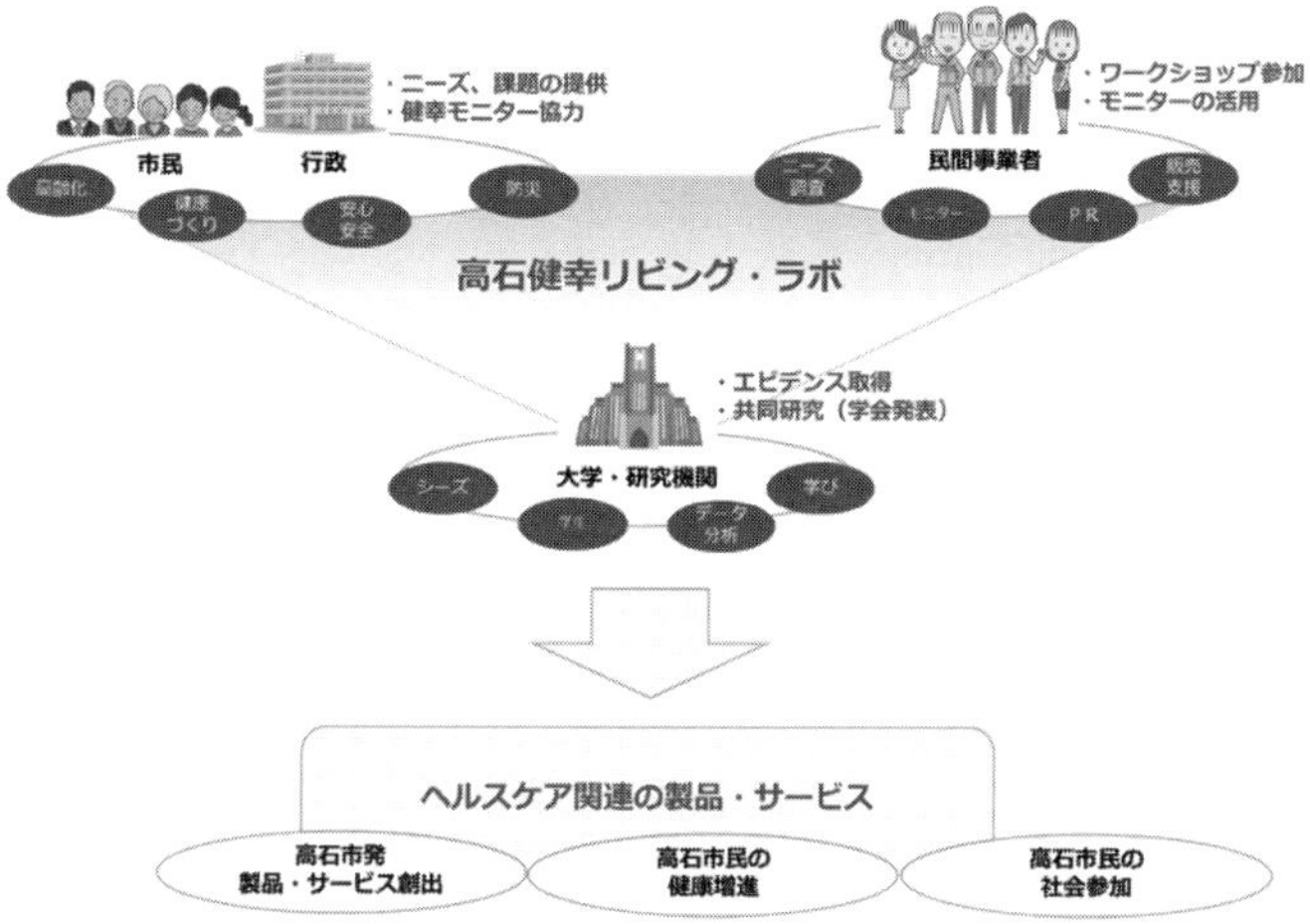

（資料）　BCC（株）作成

プ」、協働の場としての「健幸モニター」、活躍の場として「人材バンク」、交流の場として「コワーキング」を展開しています。

創造の場「ワークショップ」で行政、市民ニーズに基づいて議論された製品やサービスを協働の場「健幸モニター」でプロトタイプビジネスとして実施し、交流の場「コワーキング」でブラッシュアップを行い、活躍の場「人材バンク」により、地元に雇用を創出しながらビジネス展開を進めて行くことを目指しています。

2020年3月現在では主に認知症予防を目的としたストリートダンスや和太

鼓教室といった市民活動が新たに創出されています。健幸モニターについては誰もが知るような製品を持つ大手企業から中小、ベンチャー企業まで多くの企業がモニターを活用し、新製品開発に取り組んでいます。近い将来には市民が企業のイノベーションに協力し、画期的な新製品やサービスが創出されることを期待しています。

このような先進的な自治体が保有する市民の健康データを活用し、市民目線でニーズの高いヘルスケアビジネスの創出に取り組むことにより、いわゆる健康無関心層が掘り起こされ、行動変容を行うことでヘルスケア分野の裾野が拡大されることにより、全国各地で起こりつつあるイノベーションの芽が今後ブレイクスルーしてくるものと期待しています。

第4章 ヘルスケアビジネスの要諦

1 ヘルスケアの領域

ヘルスケアの領域の定義は様々です。本章では、3点の視点から分析します。すなわち、（1）経済産業省の視点、（2）公益財団法人日本ヘルスケア協会の視点、（3）ヘルスケアビジネス支援者の視点から、ヘルスケア領域を定義してみます。

(1) 経済産業省

まず「公的保険外の予防・健康管理サービスの活用を通じて、生活習慣の改善や受診勧奨等を促すことにより、『国民の健康寿命の延伸』と『新産業の創出』を同時に達成し、『あるべき医療費・介護費の実現』につなげる。具体的には、①生活習慣病等に関して、「重症化した後の治療」から「予防や早期診断・早期治療」に重点化するとともに、②地域包括ケアシステムと連携した事業（介護予防・生活支援等）に取り組む。」としています。

長期的には、生涯現役社会の構築を目指しており、健康寿命の延伸と生涯現役社会をつなぎ合わせて、次世代ヘルスケア産業と定義しています。経済産業省の考えるヘルスケア産業は図表4―1のように定義されています。

図表4－1　経済産業省が示すヘルスケア産業（公的保険外サービスの産業群）の市場規模に関する推計

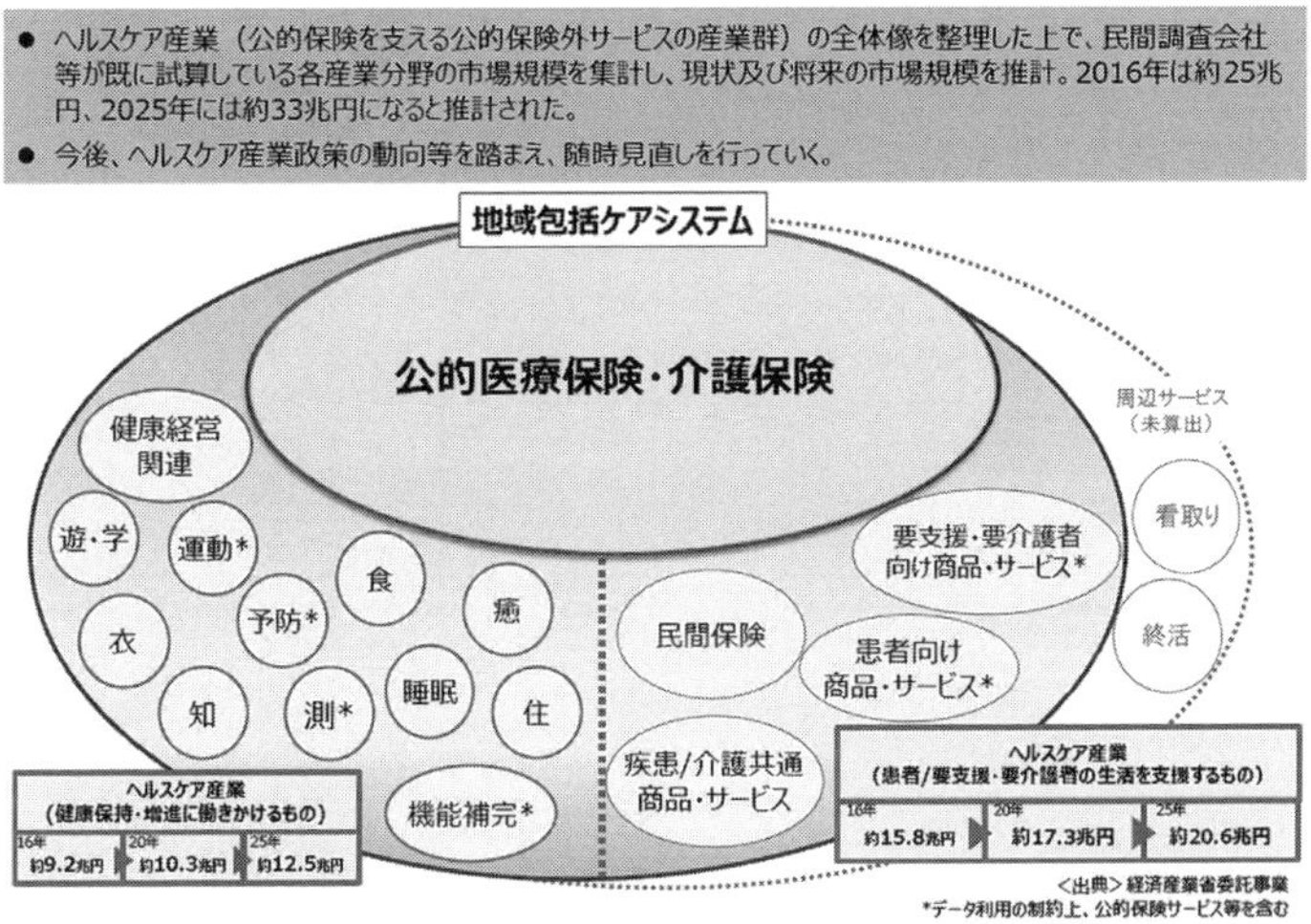

（引用）　未来投資会議構造改革徹底推進会合「健康・医療・介護」会合（第5回）資料［2018年4月13日］

公的医療保険・介護険外のサービスの伸びが大きいことを示しています。個別具体的には図表4－2の通りです。

産業の成長が期待される上位3領域は、要介護／支援者向けサービス（2兆4800億円）、保険（2兆1400億円）、食（9600億円）となっており、特に介護領域の成長が期待されていることが伺えます。今回金額&伸び率が低かったものの、昨今の新型コロナウイルス感染症（COVID-19）は、「健康保持・増進に働きかけるもの」内の「予防—感染予防」

図表４－２　ヘルスケア産業の市場規模に関する2016～2025年の推計

（単位：兆円、増加率：小数点以下四捨五入）

ヘルスケア産業	2016年	2025年	増加金額／増加率
全体	約25	約33	約8／約32％
健康保持・増進に働きかけるもの	約9.2	約12.5	約3.2／約35％
食（サプリメント健康商品、OTC 医薬部外品等）	約3.2	約4.16	約0.96／約30％
遊・学（健康志向旅行・ヘルスツーリズム）	約2.38	約3.2	約0.82／約34.％
運動（フィットネスクラブ、トレーニングマシーン等）	約0.71	約1.59	約0.88／約124％
健康経営を支えるサービス（健診代行、メンタルヘルス対策等）	約0.56	約0.76	約0.2／約36％
癒（エステ・リラクゼーションサービス、リラクゼーション用品等）	約0.4	約0.52	約0.12／約30％
予防―感染予防（衛生用品、予防接種等）	約0.36	約0.4	約0.04／約11％
機能補完（メガネ・コンタクト等）	約0.27	約0.34	約0.07／約26％
睡眠（機能性寝具）	約0.15	約0.19	約0.04／約27％
住（健康志向家電・設備）	約0.1	約0.13	約0.03／約30％
知（ヘルスケア関連アプリ、ヘルスケア関連書籍・雑誌等）	約0.03	約0.06	約0.03／約100％
患者／用支援・要介護者の生活を支援するもの	約15.8	約20.6	約4.8／約30％
要介護／支援者向け商品・サービス（介護用食品介護旅行／支援付き旅行、介護住宅関連・福祉用具等）	約8.38	約10.86	約2.48／約30％
保険（第三保険）	約7.22	約9.36	約2.14／約30％
疾患／介護共通商品・サービス（高齢者向け食事宅配サービス）	約0.12	約0.23	約0.11／約92％
患者向け商品・サービス（病者用食品等）	約0.06	約0.1	約0.04／約67％

（引用）　令和元年経済産業省ヘルスケア産業課資料より筆者作成

に該当しますので、今後は急激に産業として拡大していくことが見込まれています。ここで特徴的なのは、公的医療保険つまり医療制度や行為は含まれていない点です。一般的にヘルスケアと言えば、医療を含むことも多いですが、官庁の場合、医療制度全般は厚生労働省の管轄になるため、経済産業省としてすみ分けていることが伺えます。

(2) 公益財団法人日本ヘルスケア協会

次に「ヘルスケアとは、分析の知と臨床の知との対話[1]の下で、産業横断的[2]に提案される価値の創造を通じて、人々が『よく生きること（well-being）』をめざし、個人的にも社会的にも、より少ない負担で、病気や心身の不調からの『自由』を実現し、かつ自らの『生きる力』を引き上げていくための手伝いをする諸活動である。」とあり、ヘルスケアの目指すべき姿に「well-being」を取り上げています。

---

(1)「分析の知（科学の知）」とは、仮説と検証、演繹的推論、実験による再現性、反証可能性から成り立つ知の領域、「臨床の知（Bed-side の知）」とは、経験や勘、対象との相互作用、類推の蓄積から成り立つ知の領域をさす。

(2) 医療、医薬品、漢方、補完医療、美容、健康食品、フードサービス、休養・余暇、旅行、趣味、運動・体力づくりなどに関わる諸産業の結合・連携をさす。

図表4－3　ヘルスケアの概念

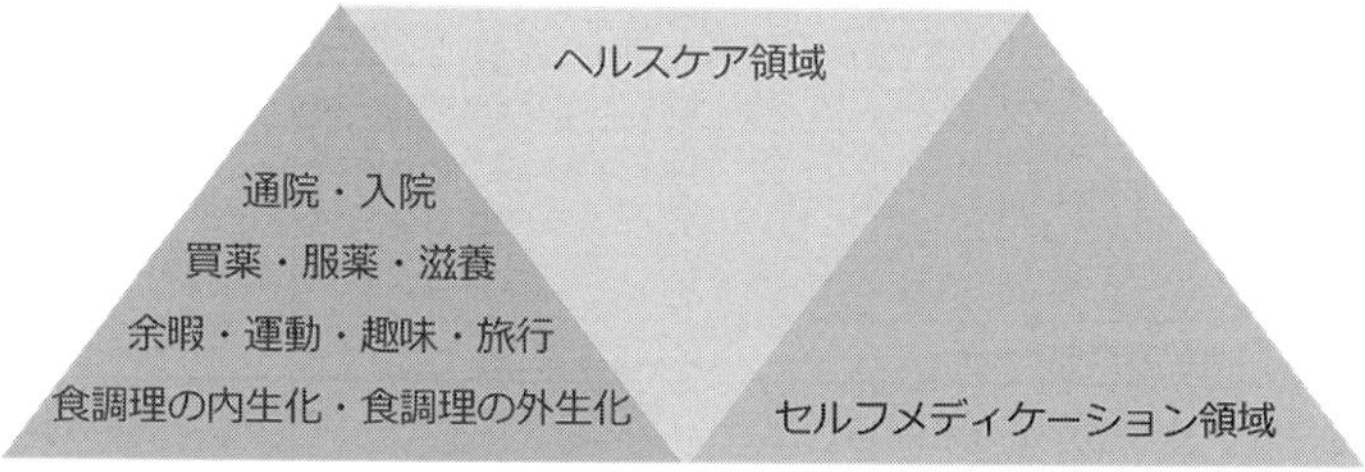

（引用）日本ヘルスケア協会　ホームページ　https://www.jahi.jp/

図表4―3が、ヘルスケアの概念となり、細かく見ると、ヘルスケアは様々な領域を含んでいることが伺えます。最上段の「通院・入院」は厚生労働省の管轄であり、保険適用の対象となります。次に、「買薬・服薬・滋養」となり、薬局やドラッグストア管轄の厚生労働省だけでなく、口にいれる〝もの〟なので農林水産省も管轄となります。さらに、「余暇・運動・趣味・旅行」は、観光庁やスポーツ庁等多くの所轄庁がありますが経済産業省も含まれます。最下段では「食調理の内生化・食調理の外生化」では、クレームを受け付ける消費者庁も含まれます。こちらは経済産業省と違い、多くの官公庁が含まれ大変幅が広い領域をカバーしていることが伺えます。

(3) ヘルスケアビジネス支援者の視点として（『ヘルスケアビジネスの図鑑』（西根英一、2020より））

ヘルスケア産業の領域は「医療、予防・保健、健康、美容」の4領域となり、またビジネスの商材は「商品、サービス、施設」の3個となっています。ヘルスケアビジネスのマトリックスは図表4―4の通りです。

領域としては、医療とそれ以外に分かれており、それ以外を予防・健康・美容の3つに分けています。また実務家である著者の西根氏は、ヘルスケアビジネスの商材を横串でいれており、クロスすることによって、ヘルスケアビジネスが創出しやすいと提案しています。そう解釈すると、次ページのマトリックスの図を使ってイノベーションを起こしやすいとも言えます。

さて、右記3点の通り、ヘルスケア領域は定まっておらず、解釈によっては大変幅広く、また極小化して捉えることも出来ます。そこで、本章ではヘルスケア領域を幅広く捉えるため、また学術的に演繹の出来る、そして、WHOの健康の定義「Health is a state of complete physical, mental and social well-being and not merely the absence of disease or

図表4－4　ヘルスケアビジネスのマトリックス

		ヘルスケアの領域（分野）			
		医　療	予　防	健　康	美　容
ビジネスの商材	商品	医薬品、医療機器、医療食	食事・栄養、禁煙、感染予防、空気清浄、水分補給、トクホ、栄養調整食品	飲料・料理、ウエア・シューズ、機能性表示食品、食事代替商品、スポーツサポート食品	メーク、コスメ
	商品			サプリ	サプリ
	サービス	疾患、メディカルツーリズム（検査・診断）、医療保険サービス	運動、睡眠・休養・抗疲労、ブレインヘルス、メンタルヘルス、パブリックヘルス、ヘルスツーリズム（保健指導）、保険サービス	コミュニティ活動、セクシャルヘルス、スピリチュアルヘルス、ワークライフバランス、ジェロントロジー、ウェルネスツーリズム（健康増進）、スポーツツーリズム（地域スポーツ）、訪問サービス・宅配サービス、中食サービス	口腔ケア、スキンケア、アイケア、ボディーメイク、アンチエイジング
	サービス			販売サービス	販売サービス
	サービス		情報提供サービス、クラウドサービス	情報提供サービス、クラウドサービス	情報提供サービス、クラウドサービス
	施設	在宅医療・介護医療、医療機関・健診機関、調剤薬局、リラクゼーション施設（鍼灸院・整骨院）	ドラッグストア、リラクゼーション施設（休憩室・仮眠室）	スポーツ・ジム、住環境・ロハス、スーパー・量販店、コンビニエンスストア、リラクゼーション施設（スパ・温浴施設）、スクール・学校・教室	フィットネス、セラピー、スパ・エステ、ヨガ・セラピス、美容整形・審美歯科、リラクゼーション施設（エステ・マッサージサロン）
	施設		宿泊施設、飲食施設	宿泊施設、飲食施設／健康増進師説（スポーツジム、フィットネスクラブ、スタジオ、プール等）	健康増進師説（スポーツジム、フィットネスクラブ、スタジオ、プール等）

（引用）『ヘルスケアビジネスの図本―ヘルスケアビジネスの要件を満たすための50の開発目標』より筆者作成

infirmity.（健康とは、病気でないとか、弱っていないということではなく、肉体的にも、精神的にも、そして社会的にも、すべてが満たされた状態にあることをいいます）」である well-being を目指している、日本ヘルスケア協会のヘルスケア領域を定義として用いることとします。

「ヘルスケアとは、分析の知と臨床の知との対話の下で、産業横断的に提案される価値の創造を通じて、人々が『よく生きること（well-being）』をめざし、個人的にも社会的にも、より少ない負担で、病気や心身の不調からの『自由』を実現し、かつ自らの『生きる力』を引き上げていくための手伝いをする諸活動である。」

2　ヘルスケアビジネスの戦略

本章の担当である私新井は、小さいヘルスケアビジネスの会社（法人向け出張リラクゼーションVOYAGE）を起業し10年以上経営していました。また経済産業省認定の地域ヘルスケアビジネス創出アクセラレータとして、ヘルスケアビジネスの創出の手伝いもしています。そうした経験を通じて知り得た、ヘルスケアビジネスをスタートする際に生じる課題と、それに対する戦略を下記3点ご紹介します。

(1) ヘルスケアビジネスの成長

ヘルスケア産業において、VCを入れて大きくなることはオススメできません。なぜなら、新しいサービスやモノであるほど、次項で詳しく説明しますがエビデンスがないからです。日本ヘルスケア協会の図表4―3のセルフメディケーション領域からヘルスケア領域に上がる程、強固なエビデンスが必要になります。医者の紹介等仲介サービスを除き、エビデンスがないと、顧客は身体的、精神的に影響を与えるヘルスケア商品・サービスを買うのに躊躇することでしょう。

そして重要なことは、エビデンスには時間がかかります。まず実証実験に時間がかかり、長ければ数年は費やします。さらに、論文化してエビデンスとなるのに、1年以上かかりますので、ビジネススタート時にエビデンスを持っていることが重要な要素になります。仮に、エビデンスが無い場合は、エビデンス構築が時期不明のため、資金の回収の日付が決まっているVC等を入れるのではなく、借入等で対応するのが好ましいと考えます。さらに、新しければ新しいほど、市場が存在しないため、認知され売れるまでに時間がかかります。そこで、商品またはサービスの開発だけをするのではなく、日銭を稼いでも、また社長がサイドビジネス（本業⁉）をやってでも、エビデンスを構築しさらにビジネスが花開くタイミングまで待つべきだと考えています。

古い例ですが、1980年のオイルショックの際、石油価格の高騰により世界の経済は大混乱に陥りました。そして数十年後には石油は枯渇すると言われました。当時の自動車業界は、「ガソリン車は近い将来無くなる、だから資源が貯められ生み出せる電気自動車の時代がくる」と予想し、多くのベンチャー企業や新規事業が立ち上がり、そして新しいビジネスに支援が行われました。結果は、皆様のご存知の通り、電気自動車オンリーとして存続できているのは2004年にイーロン・マスクが立ち上げたテスラぐらいでしょう。テスラも現時点では赤字であり、ビジネスとして大成功とまではいえないでしょう。では1980年代以降にできた企業はどうなったのかというと…倒産するか、またはすでにある自動車企業に吸収されました。つまり、タイミングが大事だと言うことです。ヘルスケアで社会や世界を変えるイノベーションを起こす商品やサービスを、起業家が信じて

図表4－5　ヘルスケアビジネスの成長イメージ

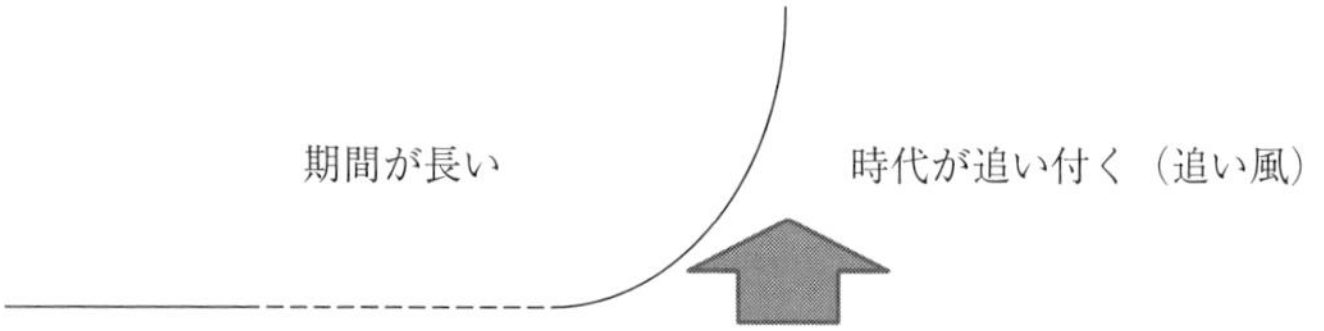

（筆者作成）

いる限り、そのタイミング＝大きな社会的うねり（追い風）が来るまで耐えなくてはなりません。特にヘルスケアビジネスは時間がかかります。ぜひ、短期的に考えず、中長期的にいつか成功する可能性があると考え、気長に事業が続くよう経営していきましょう。

(2) エビデンスの重要性と作り方

前述の通りヘルスケアビジネスは身体や精神に影響を与える可能性が高いため、なにより重要なのはエビデンスです。第3章でも述べた通り、厚生労働省はじめ経済産業省もヘルスケアサービスガイドラインを導入し、エビデンスのある商品・サービス開発を推奨しています。

私はアクセラレーターとして活動している中で、新しいヘルスケア商品やサービスの話を聞く機会があります。その際、まずはその領域の学会に入会することをお勧めしています。つまり、特

図表4－6　エビデンスの論文検索サイト

海外	Google Scholar	Googleが提供している学術論文に限った検索が行えるサイトです。https://scholar.google.co.jp/schhp?hl=ja
	PubMed	アメリカのNCBI（国立生物科学情報センター）が作成しているデータベースで、世界の主要な医学系雑誌に掲載された論文を検索できます。https://www.ncbi.nlm.nih.gov/pubmed/
日本	CiNii	国立情報学研究所が運営する学術論文や図書・雑誌などの学術情報データベース。https://ci.nii.ac.jp/
	J-STAGE	文部科学省所管の独立行政法人科学技術振興機構が運営する電子ジャーナルの無料公開システム。https://www.jstage.jst.go.jp/browse/-char/ja/
	メディカルオンライン	医学文献の検索・閲覧、及び文献全文をダウンロード提供する医療総合Webサイト。http://www.medicalonline.jp/

（筆者作成）

定の領域の学会においてエビデンスが無いのであれば、作りに行かなければなりません。また先行してエビデンスが学会誌等で発表されている可能性がありますので、先行研究を参考に検証を進めていきます。

たとえば、今流行りのマインドフルネスの法人向けビジネスを展開しようと考えた場合、まずは日本マインドフルネス学会に入会し、過去の学術誌を読むとよいでしょう。学術誌には、オフィス向けに実証した論文もきっとあるでしょう。そこで、論文の著者にアプローチをし、「どのように実証し、結果どういう事が言えるのか」、まで確認すると、自社のヘルスケア商品またはサービスと関連付けて解釈が出来るかと思います。多くのべンチャー企業また新規事業は、このようなエビデンスの検証作業をこなしてから動き出すことが出来ていません。出来ていないと、一から時間をかけてエビデンスを作る労力に追われます。また既存のエビデンスがあるのであれば、それを基に取り扱う商品またサービスのエビデンスを新たに作る必要がありますが、一から作るよりはずいぶん楽なはずです。エビデンスの論文を調べるＷｅｂサイトを図表4―6に例示しました。ぜひ学会の論文でエビデンスの有無を確認しましょう。

(3) ヘルスケアにおけるマーケティング戦略

マーケティング戦略としては、エビデンスを基に、市場細分化戦略と追加で資源大量投入戦略が考えられます。図表4―7にイメージを示しました。

ベンチャー企業の場合、日本では市場細分化戦略が多いですが（海外ではＶＣを入れて資源大量投入戦略の実行も多い）、大企業の新規事業の場合は、資源大量投入戦略も採用できます。ただ(1)で書いた通り、時間がかかる可能性が高いため、期間を区切った、またはＲＯＩ等の縛りがある新規事業では成功しづらいように見受けられます。10年先を見据えた取り組みが必要となるでしょう。

図表4－7　ヘルスケアの市場細分化戦略

市場細分化

	市場1	市場2	市場3
製品1			
製品2			●
製品3			

製品専門化

	市場1	市場2	市場3
製品1	●	●	●
製品2			
製品3			

市場専門化

	市場1	市場2	市場3
製品1	●		
製品2	●		
製品3	●		

市場全体化

	市場1	市場2	市場3
製品1	●	●	●
製品2	●	●	●
製品3	●	●	●

（筆者作成）

市場細分化戦略とは、市場を細かく細分化し、ある特定の領域においてシェアNo.1をとる戦略です。領域は狭ければ狭いほど細分化されるため競合は少なくてよいのですが、新しい商品・サービスのため認知され市場が出来るかどうかは不明瞭です。

たとえば、ユニクロは衣料品の中で、カジュアルで生活服の低価格（ファストファッション）領域に、1980年代から参入しました。当時、しまむらもありましたが、衣料品の業界のなかで、ファストファッション領域は確立されてはいませんでした。この領域で市場を作りかつシェアNo.1をとった後、次は中価格帯に移動し、さらに低い価格帯にGUというブランドを追加し、ユニクロブランドの価格とイメージを持ち上げました。さらに、対象も幼児まで広げたり、スポーツの服を作ったり、靴等まで製品を広げたりしています。これは、市場細分化の単一セグメントから、製品専門化まで戦略的に事業を拡げている事例です。

次に、資源大量投入戦略とは、新しい商品・サービスの場合、市場があるかどうか不明瞭であるため、大量に広告等で需要を喚起し、商品を安く供給し市場を拓く（作る）戦略となります。

たとえば、2007年創業のスタートアップ企業で、2015年にニューヨーク証券取引所に上場も果たしたヘルスケア・ウェアラブル企業の先駆けのFitBit（https://www.fitbit.com/jp/home）があります（2019年にグーグルが買収し上場廃止）。歩数計メーカーからウェアラブルデバイス、そしてスマートウォッチへと進化しています。FitBitは特許戦略をとっており、資金調達前後に出願しています。つまり、資源（資金）が大量に投入され際に、資源を使って多くの特許を取得することにより、競争優位性を持ち、単一セグメント、今回はウェアラブルデバイスにおいて圧倒的優位とイメージを確立しました。そして、単一セグメントのまま世界進出もはたしており、2007年に日本にも進出しています。

図表4－8　ヘルスケア展示会の一覧

地　域	展示会名	内　　容	主催者	時期
日本／東京	Care Show Japan	超高齢社会の介護・医療・予防と、まちづくりのために	インフォーママーケッツ　ジャパン株式会社	1月
日本／東京	日経クロスヘルスEXPO	ヘルスケアビジネスにかかわるあらゆる人・業界・業種をつなぐ専門イベント	日経BP社	10月
日本／東京	メディカルジャパン	医療と介護の総合展	RX Japan株式会社	10月
日本／東京	次世代ヘルスケアプロジェクト	国民の健康寿命の延長や健康リテラシーの向上、予防医療の発展を通じて高騰する医療費の適正化を推進することを目的	一般社団法人日本能率協会	11月
ヨーロッパ／開催地未定	CPhI worldwide	世界最大の医薬品展示会	Informa Markets Co. Limited	秋
ドイツ／デュッセルドルフ	MEDICA	世界最大の医療機器展であり商談会	Messe Düsseldorf GmbH	2月
中国／上海	Health Industry Summit	世界最大の上海ヘルスケア展示会	Reed Sinopharm Exhibitions Co. Limited	4月

（筆者作成）　※コロナ渦の影響により、時期が変更になっています。詳細は各展示会のHPでご確認下さい。

次に、マーケティングの販促では、展示会に出展することをお勧めしています。色々とヘルスケアに関わるイノベーションの新商品の相談を受ける機会があるのですが、正直売れるかどうか分からないというのが本音です。そんなときは、提供する商品・サービスに該当する展示会をお勧めしています。多くの展示会がありますが、参考までに図表4―7に幾つか紹介します。

さて、3つの、ヘルスケアビジネスをスタートする際に生じる課題と戦略はいかがしたでしょうか。ヘルスケア特有なエビデンス(2)を除けば、一般的な企業の新規事業と似ているかと思います。ただ一時期流行ったリーンスタートアップはＩＴ業界向けが主で、ヘルスケアの場合、戦略として採用するのは難しいでしょう。なぜなら、見込み客に使ってもらった時点で、悪影響がでると、改善する前に訴えられたりして事業が立ちいかなくなる可能性があるからです。この点でもＶＣからの投資は事業性質上合わないと思います。ＰＤＣＡを回すのは基本として、エビデンスをもって、ＩＴ業界のように指数関数に成長することは難しいので、時間をかけ着実に一段ずつ積み上げていくしかありません。急がば回りながら進んでいきましょう。

3 ヘルスケア・イノベーションの事例

ヘルスケアのイベーションで調べると、海外では第2章のスタンフォード大学の事例の通り、病院のイノベーションが紹介されています。そこで本節では、⑴海外でのヘルスケア・イノベーションと、⑵日本でのヘルスケア・イノベーション、⑶ヘルスケア・イノベーションの規制と可能性を紹介します。

⑴ 海外でのヘルスケア・イノベーション

ミネソタ州の片田舎であるロチェスター市にはアメリカを代表する医療機関メイヨークリニック（https://www.mayoclinic.org/）があり、Center for Innovation（http://centerforinnovation.mayo.edu/）を２００８年に開設しています。この病院は何度も本になっているほど、患者中心主義やサービスマネジメント、ホスピタリティに大変優れていて有名です。さらにデザインコンサルＩＤＥＯ（https://jp.ideo.com/）の協力の下、病院として最初に院内にデザイナーチームを置き、今ではデザイン経営（デザインの力をブランドの構築やイノベーションの創出に活用する経営手法／https://www.jpo.go.jp/introduction/

soshiki/design_keiei.html）を取り入れてイノベーションに取り組んでいます。さらにベンチャーキャピタルの機能を合わせ持つOffice of Business Developmentも設置しています。他に“Transform”と題し、様々な専門家を招き、ヘルスケアのイノベーションをテーマにしたカンファアレンスまでも主催しています。オープン・イノベーションの事例とも言えるでしょう。他、アメリカでは２０１６年の病院の調査で、「４００床以上の病院の72％はイノベーションセンターを構築した、またはする意向がある」と発表され、病院におけるイノベーションが、競争力を持つことが伺えます。さらに、米国病院協会（ＡＨＡ）は、２０１８年9月にイノベーションセンター（The AHA Center for Health Innovation serves）を設置し、組織を、テクノロジーやデザイン、エンジニアリング等幅広い領域を結びつけるハブ機能として活用しています。また、イノベーションを起こす事例や研修も行い、人材教育にも力をいれています。

スウェーデン最大の研究教育機関であるカロリンスカ大学病院（https://ki.se/）では、イノベーション・センターを設け、医療機器調達入札の際に、機器の提供と合わせて「まだ存在しないソリューション」に関する“Innovation Partnership”、つまり機器売りだけではダメで、コラボレーションを通したイノベーションの提案も募集しています。成果として、画像領域では、世界の名だたるメーカーのフィリップス、ＧＥ、シーメンス等が参加し、ロボット領域ではBoston Scientific社等、13社とも提携しています。具体的には、フィリップスとは、心臓発作で運び込まれた患者に対するMy Stroke（アプリ）を共同開発し、「生存率向上」を達成しています。ヘルスケア・イノベーションの産学連携の事例となっています。ちなみに次章では、産学連携の日本の事例として東北大学の知見と日立ハイテクの技術が融合した株式会社ＮｅＵを紹介しています。ぜひご覧ください。

(2) 日本でのヘルスケア・イノベーション

日本では、経済産業省が２０１９年に健康・医療情報を活用したヘルスケア・イノベーション基盤整備事業として、「国内外に豊富に存在する健康・医療情報が、医療分野の研究開発や保険外サービスの提供の分野で、民間においても安全かつ効率的に活用され、医療の質を高めるイノベーションが実現する環境を整備することが重要。医療情報を利活用するビジネスに関して、米国をはじめとする諸外国においては民間企業による積極的な投資が行われている一方、国内の投資については拡大の余地がある。」とし、積極的に支援しています。

経済産業省では、ヘルスケア・イノベーションというと、病院を除く（病院等は厚生労働省管轄のため）行動変容の実証実験と、メーカー側（ヘルスケアＩＴ）からのソリューションを示しています。また、健康・医療情報の活用の難しさが、イノベーションを阻害する課題と考え、健康・医療情報の利活用に向けた民間投資の促進に関する研究会（ヘルスケアＩＴ研究会）でとりまとめて提案もしています（https://www.meti.go.jp/shingikai/mono_info_service/kenko_iryo_joho/20190329_report.html）。さらにネットワーキングの支援として、ヘルスケアやライフサイエンスに関わるベンチャー企業等の相談ワンストップ窓口（ヘルスケア・イノベーションハブ／https://healthcare-innohub.go.jp/）の設置や、Well Aging Society Summit Asia-Japan（https://www.meti.go.jp/press/2019/10/20191024004/20191024004.html）やジャパン・ヘルスケアビジネスコンテスト（受賞者の詳細は第3章をご覧下さい）等のヘルスケアにおけるコンテストを実施しイノベーションを創出しています。

民間企業では、富士通が、ヘルスケア領域で、従来から対象の医者向け支援として、医療ＴＶドラマでも使われているＡＩを活用し類似症例検索や、電子カルテ等のビックデータを活用した医師の迅速な決定を支援するシステムの実現を目指しています。さらに、2

020年には、対象を医者向け支援から個人まで拡張しイノベーションを起そうとしています。

具体的には、個人の一生の健康情報（ＰＨＲ／Personal Health Recoerd）を一元管理できる、健康医療情報管理基盤ヘルスケアパーソナルサービスプラットフォーム（ＨＰＰ／Healthcare Personal service Platform ／https://www.fujitsu.com/jp/solutions/industry/healthcare/products/hpp/）があります。これは、一人に一つ持てる健康カルテの様な健康医療情報の管理が可能となり、診療情報やお薬手帳等の治療情報だけでなく、予防接種や運動等の健康管理アプリ、介護情報とも連携することが可能となります。

事前に保有している情報の開示を本人が許可していれば、医療機関毎に個人情報の同意をえることなくカルテや薬の情報を閲覧でき、治療が容易になり、さらに遠隔治療も可能となります。また利用者個人からみると、いつでもどこからでも自分の治療情報含む様々な健康情報をみることができ、安心するだけでなく、行動変容も容易になります。政府の進めているマイナンバーカードは、健康保険証として使え、また受診歴や薬剤情報も入りますが、治療カルテが入るわけではありません。

さらに、他の血圧計等のＩＯＴ機器のデータや民間のサービス、たとえば妊活アプリ等とは現在のところ互換性はありませんが、ＨＰＰでは連携し管理出来ます。つまり名前の通り、個人一生の健康（ヘルスケア）情報を管理＆閲覧することが出来るプラットフォームとなります。他に日立では、テクノロジーイノベーションとして、高磁場の超電導ＭＲＩ（Magnetic Resonance Imaging）、粒子線によるがん治療装置の開発等をヘルスケア領域で行っています。

(3) ヘルスケア・イノベーションの規制と可能性

２０２０年は、新型コロナウイルス感染症（COVID-19）が流行しています。世界では、感染症の流行をおさえるためロックダウン（都市封鎖）が、各国の主要都市また地域で行われています。困難は時にイノベーションの機会でもあります。今回の感染症は、新薬の開発だけでなく、国に要請されて作った人工呼吸器や、マスク等、事業体が従来扱ってこなかった商品やサービスの開発、また遠隔治療や免疫力ＵＰ等多くのヘルスケア・イノベーションを起こす機会になることでしょう。

日本において新たにヘルスケアビジネスを始める際、多くの規制や制度がありますが、主な点は左記となります。

・医療分野における倫理やルールの「ヘルシンキ宣言（http://www.med.or.jp/doctor/international/wma/helsinki.html）」を理解する必要がある。
・人を対象とする検証は、「人を対象とする医学系研究に関する倫理指針（https://www.mhlw.go.jp/file/06-Seisakujouhou-12600000-Seisakutoukatsukan/0000168764.pdf）」（文部科学省・厚生労働省）に則る必要がある。
・自社で検証する場合は、インフォームドコンセントを含み労働安全衛生法に基づき従業員の健康情報の取り扱いが求められる。
・倫理審査委員会（医学実験および人間研究など、人間を対象とした研究・実験が国内法および国際法に従って倫理的な方法で実施されることを保障する責を負う機関）の承認をえる必要がある。
・大学病院医療情報ネットワークUMIN臨床試験登録システム（UMIN-CTR／https://www.umin.ac.jp/ctr/index-j.htm）等に、事前登録し公開する。
・その他、食品であれば食品表示法等関連法、医療機器であれば医薬品医療機器等法等制度を把握し従う必要がある。

もちろん医療関係者との良好な関係を保ち、監修等頂くことや、リードユーザーとして利用頂くことが好ましいことは言うまでもありません。

他に、2019年に次世代医療基盤法（内閣府）が施行されました。内容は、「健康・医療に関する先端的研究開発、新産業創出を促進することによって健康長寿社会の形成に資することを目的とした法律で、国が認定した認定匿名加工医療情報作成事業者には、医療機関等はオプトアウトによる同意で医療情報を提供できることを規定している。」となっています。

経済産業省の指摘の通り、日本でのヘルスケア・イノベーションの促進において、今までは健康情報や医療上のデータを活用することは個人情報保護法等で難しかったのですが、この法律により「医療分野の研究開発に資するための匿名加工医療情報に関し、匿名加工医療情報作成事業を行う者の認定、医療情報及び匿名加工医療情報等の取扱いに関する規制等を定めることにより、健康・医療に関する先端的研究開発及び新産業創出を促進し、もって健康長寿社会の形成に資することを目的とする。」（https://www8.cao.go.jp/iryou/gaiyou/pdf/seidonogaiyou.pdf）となり、今後、眠っていた健康データの活用が促進され、イノベーションが創発されることが期待されています。

5　ヘルスケアビジネスの将来像

本節では、ヘルスケアビジネスの目指す先としての(1) Well-Beingとヘルスケア産業の関わり方、そして新しい(2)ビジネスアイデアの考え方、さらに世の中に浸透させていくために(3)サービスとモノの限界とジョブ理論について、の3点をご紹介します。

(1)　Well-Beingとヘルスケア産業の関わり方

ヘルスケアの領域は、「ヘルスケアとは、分析の知と臨床の知との対話の下で、産業横断的に提案される価値の創造を通じて、人々が『よく生きること（Well-Bing）』を目指し、自由を実現し、生きる力を引き上げていくための手伝いをする諸活動である。」と定義しています。

目指すべき対象の「よく生きること」は抽象的ですので、Well-Bingついて掘り下げてみると、WHO（World Health Organization 世界保健機関）https://www.who.int/en/）

図表4－9　Well-Bing とヘルスケアビジネスの関係

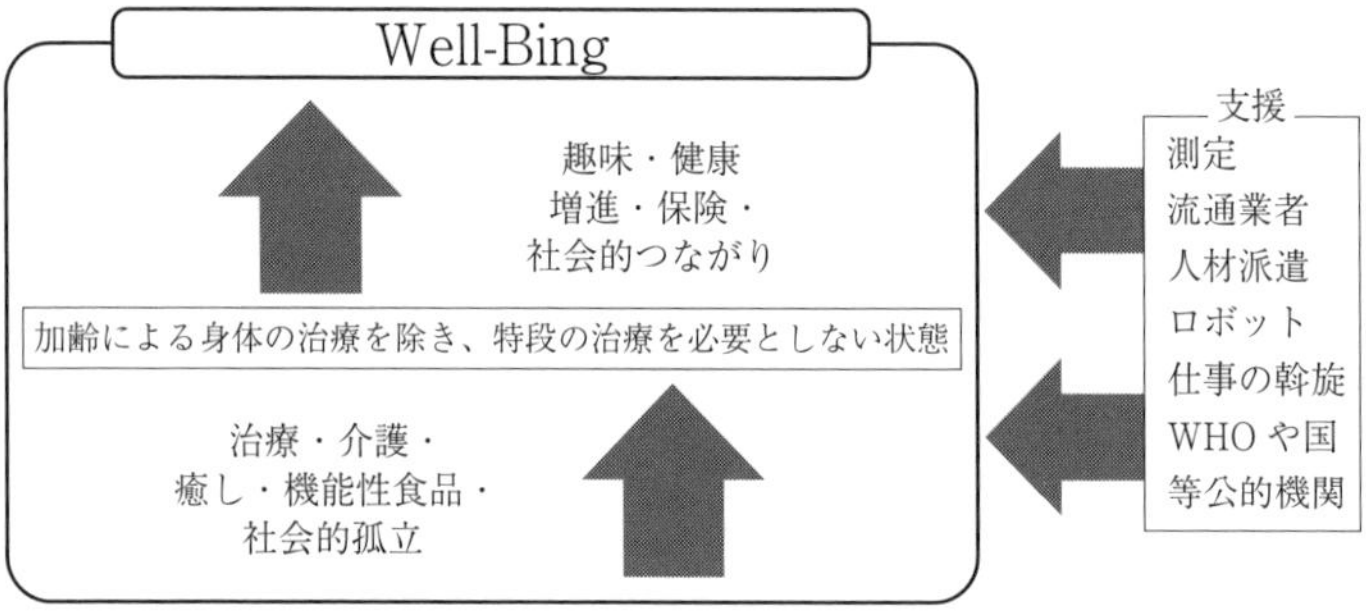

（筆者作成）

が「Health is a state of complete physical, mental and social well-being and not merely the absence of disease or infirmity.」であり、直訳すると「健康とは、身体面、精神面、社会面における、すべての Well-Bing（良好な状態を維持）の状況を指し、単に病気・病弱でない事ではない」となっています。

また Well-Bing を調べると「幸福」とも出てきます。さまざまな解釈がある Well-Bing という言葉ですが、ヘルスケア産業が目指すべき対象としてふさわしいと考えますので、本章では目指すべき対象として Well-Bing というワードをそのまま使用します。

さてヘルスケアビジネスは、「Well-Bing を実現するために、必要なモノやサービスを提供する事業体を継続的に行うこと」になります。当然、治療が必要となる患者を対象にする病院から始まり、薬局、また健康であるが未病（日本医師会 http://www.kagoshima.med.or.jp/people/topic/H17/198.htm）状態また予防で利用するドラッグストア、またフィットネスクラブ等の健康増進、心理的安全性の保険、趣味まで幅広い産業が対象となります。Well-Being とヘルスケアビジネスのつながりを図表4―9に示しました。

その他支援にも Well-Bing に直接商品やサービスを提供する事業体を支援する測定メーカーや、流通業者、医者を派遣する人材派遣会社、さらにWHOや国等直接的ではないですが多くの領域もあります。多くの商品またサービスは、Well-Being の実現に向けて、身体面、精神面、社会面の一部の機能を担っていると考えられるでしょう。

(2) ビジネスアイデア

次に、ビジネススクールで新規事業のアイデアを考えると、多くがヘルスケアに関わるアイデアになります。だいたい半分位がヘルスケアで、多いときは全部のアイデアがヘルスケアに関わる商品またサービスになります。受講者の多くが、日本での超高齢化社会を見据え、ヘルスケアビジネスにチャンスがあると感じています。

そこで私は、ヘルスケアビジネスで新しいことを考える際は、ＩＴとの掛け合わせを進

図表４－10　ヘルスケアのアイデアソン

（筆者作成）

めています。イメージを図表４―10に示しました。

前節でも紹介しましたが、アメリカの病院ではイノベーションセンターを作って、従来の病院の仕組みから、新しい仕組みを生みだそうとしています。その際利用するのがＩＴ含むデジタル分野の活用になります。

たとえば、病院だとオンライン予約システムがあげられます。病院での感染を防ぐ対策として、また時間を有効活用出来る点も素晴らしいと思います。将来的は、規制や条件はつくでしょうが、遠隔治療そして薬の宅配まで行われればイノベーションとなるのではないでしょうか。私は、病院以外でも、ヘルスケア領域全般でデジタルやＩＴは活用できると考えています。２０１９年には、健康相談のサービスＬＩＮＥヘルスケアがあります。今までは、保険の付帯サービス等で一部医療従事者に相談できるサービスはありましたが、医者に気軽に相談するのは難しかったです。しかし、ＳＮＳ上で気軽に、また履歴が残るので見直すこともでき、従来の課題を大きく解決し、心理的安全性が大きく担保される事例だと思います。ぜひアイデアに行き詰った際はデジタル&ITを取り入れてみて下さい。

さて、大企業からは「このような技術やアイデアがあるのですが、ヘルスケアで応用出来そうでしょうか?」という話もお伺いします。大企業の新規事業でヘルスケア領域に参入する事業者は、資源を基に、特に技術を主にイノベーションを起こそうとする傾向があります（リソース・ベースド・ビュー）。そして技術に依拠し「サービス」や「モノ（商品）」のどちらか一方に偏りがちです。そしてマーケティングにおいては、別の企業と組み新会社またジョイントベンチャー企業で取り組む傾向があります。さらに、よく見かけるのが大企業の中途半端な新規事業です。資源があるのにもかかわらず、既に存在する市場（領域）において小さく参入しようとする傾向もあります。これは、横から眺めて大変勿体無いと感じています。とりあえず始めて、担当者の方は取り組む意思も行動力もありますが、企業全体からみると撤退も容易ですし、尻込みしながら猫パンチを打っているようにも見受けられます。大企業には資源の強みがあります。人も資金もネットワークも、限られていますが時間もあります。それにも関わらず、なぜか強みの資源を利用しようとしないのは残念です。一度意思決定したなら、大企業の持っている資源を最大限に活用し、たとえばネットワークを活用し、資金を大量に投入し、シェアをいっぺんに奪う、または市場が出来上がってないなら、少なくとも3年以内に№1をとる戦略をとるべきです。

(3) サービスとモノの限界とジョブ理論

次に、ヘルスケアビジネスで起きがちなのでは、参入したけれどなかなか売れない、市場が未開拓なので浸透しない課題です。その際、よく見かけるのは、商品が競合商品に比べ、●%有意なので、●%効率的なので、等の表記です。またサービスにおいては、エビデンスもなく優位性を持っていない場合もあります。

残念ですが、これでは難しいと考えています。なぜなら、商品やサービスを使っての「測る」や「行動」は、目指すべき姿の過程であり、ヘルスケアで解決すべき課題は、目指すべき姿Well-Beingの実現、つまり現在の姿とのギャップをターゲットとするからです。●%有意なので、●%効率的、ももちろん大切なのですが、商品やサービスを使って、顧客（人や企業）が「どのようになり、Well-Beingが実現できるか！」と言えるかにかかっているからです。このように、サービスやモノ等の手法ではなく、Well-Beingが実現という課題（ジョブ）を解決する手法を、イノベーションの研究で有名なハーバード・ビジネス・スクールの教授であるクリステンセンのジョブ理論（クリステンセンら、2017）

図表4−11　ヘルスケアビジネスの目標

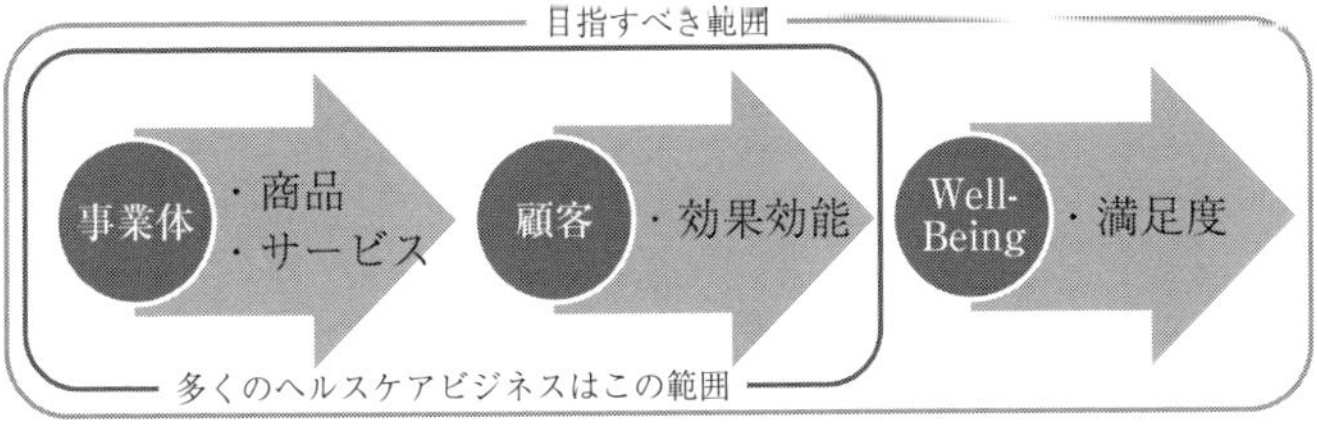

（筆者作成）

と呼ばれています。図表4―11にヘルスケアビジネスの目標を示します。

クリステンセンは「イノベーションの成否を分けるのは、顧客データや市場分析、スプレッドシートに表れる数字ではない。カギは〝顧客の片づけたいジョブ（用事・仕事）にある〟」と述べています。これをヘルスケアのイノベーションに当てはめると、サービス・モノを活用し、身体面で何％向上した、年代の平均値を超えた結果、Well-Being の目標が達成された状態、たとえば旅行が達成できることや毎朝気分よく起きられること、マラソンやウォーキングができることなど多様な状態が考えられます。精神面では、何％改善した結果、毎日外にでて社会的活動を行えたり、リラクゼーションに通ったり、心理的安全性がオフィスや生活において守られたりして落ち着て対応できること等が考えられます。社会面では、Ｗｅｂ上を含みリアルの社会的なつながりが何％増えた結果、新たに必要とされる仕事を受けたり仕事以外の趣味のイベントや共通の友達ができたりすること等が考えられます。このように、Well-Beingの状態を維持するために、特定の状況を解決するためのサービスやモノであると位置づけることが大切です。

また、これらの多くは、ヘルスケア領域の商品またサービスで達成できるものと思います。しかし、従来の組織ではサービやモノで区分けされているケースが多く、Well-Beingにおける様々な状態に適応できているとはいいがたいのではないでしょうか。ぜひ、商品またサービスの効果や効能だけでなく、Well-Beingにどのように役立つのかまで表示して頂けると、また組織として適応できているのかまで対応して頂けると、商品またサービスの〝その先〟が見えてくることでしょう。

ドリルと穴の話を聞いたことがあるでしょうか？　マーケティングで有名な格言ですが、「ドリルを買う人が欲しいのは『穴』（ジョブ理論だと〝ジョブ〟に該当します）である」ということです。つまり、ドリル業者は「●㎜の穴を、従来よりきれいに●％早くあけられます」、または「このドリルで●㎜と●㎜と●㎜の穴があけられます」と謳っても、あまり響かないでしょう。これは売り手側の都合（プロダクトアウト）になりがちな思考回路を、買い手（利用者）側の都合（マーケットイン）に転換するには非常に効果的な問いかけです。
　商品またサービスを提供する会社は、今回は買い手側提供を受ける側の Well-Being に転換して、事業体の目指す方向を設定し、商品またサービスを紹介していく必要があります。たとえば、ヒーリングミュージックも、エビデンスを持って自律神経の改善だけでなく、怒る場面が減り疲れづらい頭をつくる、新しい発想が生まれる等 Well-Being の状態を目指していくとよいでしょう。ぜひ、発想の転換にチャレンジしてその先を目指してください。

　3つの要諦はいかがしたでしょうか。私は大学で教鞭をとっていますので、大学生と話す機会も多いのですが、今20歳の学生の寿命は１０３歳まで、また年金の不足が予見されるため、80歳過ぎまで働くのが予想されています。さらに、医療保険等の増加により国民皆保険制度も維持するのが難しくなることが見込まれています。そこで、学生には、まず健康であること、次に長く働ける能力を身につけるため社会に適応し勉強し続けること、の2点を伝えています。一方、企業側は、労働寿命が延びますので、高齢者になっても働ける、また病気になっても働ける環境や制度（両立支援）を準備しなければなりません。

さらに、労働人口の減少は顕著であるため、ますます一人一人の労働者の価値が高まります。もしかしたら一生、健康で働き続けなければならないかもしれません。仮にそんな未来が予見されるなら、高齢になっても働ける様々な商品やサービスは必要になることでしょう。長く生きるのが大変だということなく、楽しく長く、仕事も生活もしていきたいですね。そんな社会をヘルスケアの領域は担っていると思います。

5 健康経営におけるヘルスケアビジネス

突然ですが、環境経営という言葉を聞いたことがあるでしょうか？　環境省によると、環境に配慮した経営と定義しており、企業側は社会的責任と位置づけ取り組んでいます。また環境経営に取り組んだ結果、新たなエコビジネスや環境技術の開発も行われています。これは新しい環境の規制や基準に適応することによってイノベーションが起きた事例です。

健康経営については、2015年に経済産業省が東京証券取引所と共同で健康経営アワード（健康経営銘柄）の選定を初めて行い、その後2017年からは日本健康会議と経

図表4－12　健康経営アワードの状況

年度	健康経営銘柄	健康経営優良法人（ホワイト500）／大規模法人部門	健康経営優良法人／中小規模法人部門
2015	22		
2016	25		
2017	24	235	318
2018	26	539	776
2019	37	820	2503
2020	**40**	**1481（500）**	**4723**
2021	48	1801	7934
2022	50	2299	12255

（筆者作成）

※健康経営銘柄は、2015～2018年までは１業種１社、また認定基準は徐々に緩和され2019年からは１業種１社以上認定できる制度へ変更された。

※健康経営優良法人／大規模法人部門は、2020から認定と認定の中から上位500社をホワイト500と制度変更された。

済産業省が主体で、健康経営優良法人認定制度が開始されました。そして2020年3月のアワードでは、過去最高数の組織（上場企業の1／4）が取り組また選定・認定された、今新しい経営手法として注目をあびている経営手法です（図表4―12）。

「健康経営[3]」とは、健康経営アワードを管轄している経済産業省によると「従業員等の健康管理を経営的な視点で考え、戦略的に実践すること」とされます。企業理念に基づき、従業員への健康投資を行うことは、従業員の活力向上や生産

(3) 健康経営®は、NPO法人健康経営研究会の登録商標です

性の向上等の組織の活性化をもたらし、結果的に業績や株価の向上につながると期待されていています。当たり前といえばその通りで、人財（材）と名乗っている企業があるように、以前から〝人〟は、大切な経営資源（伊丹・加護野、2003）の一つでした。

では、なぜ今健康経営なのでしょうか？　一つは日本における労働者不足があげられます。労働人口のピークは1998年で、その後減少の一途です（厚生労働省　労働力人口は減少 https://www.mhlw.go.jp/wp/hakusyo/roudou/10/dl/01-1-3.pdf）。高齢者や女性の活躍で労働人口を維持しようとしていますが、全体の人口が減っている以上、今まで以上に労働者1人が、企業にとって大切になってきています。また政府はGDP拡大を大目標（内閣府　政府経済見通し https://www5.cao.go.jp/keizai1/mitoshi/mitoshi.html）としているため、労働人口の減少を見据え、一人当たりの生産性の向上を掲げています。具体的には、ITの活用で向上する他に、（健康経営の取り組みにもある）うつ病等の病気で働けなくなるだけでなく腰痛や花粉症等のプレゼンティーイズム（疾病就業）で生産性が落ちるのを防ごうとしています。さらに長期的には医療費の削減また抑制も大きな課題です。まだ医療費削減また低減まで健康経営の成果はでていませんが、政府は大いに期待して推奨しています。

図表4－13　健康経営銘柄2020選定基準及び健康経営優良法人2020（大規模法人部門）認定基準

大項目	中項目	小項目	評価項目	認定要件 銘柄・ホワイト500	認定要件 大規模
1．経営理念(経営者の自覚)			健康宣言の社内外への発信（アニュアルレポートや統合報告書等での発信）	必須	
			①トップランナーとして健康経営の普及に取り組んでいること	必須	左記①～⑯のうち12項目以上
2．組織体制		経営層の体制	健康づくり責任者が役員以上	必須	
		保険者との連携	健保等保険者と連携		
3．制度・施策実行	従業員の健康課題の把握と必要な対策の検討	健康課題の把握	②定期健診受診率（実質100%）	左記②～⑯のうち12項目以上	左記①～⑯のうち12項目以上
			③受診勧奨の取り組み		
			④50人未満の事業場におけるストレスチェックの実施		
		対策の検討	⑤健康増進・過重労働防止に向けた具体的目標(計画)の設定（※「健康経営優良法人2021」の認定基準では必須項目とする）		
	健康経営の実践に向けた基礎的な土台づくりとワークエンゲイジメント	ヘルスリテラシーの向上	⑥管理職又は従業員に対する教育機会の設定 ※「従業員の健康保持・増進やメンタルヘルスに関する教育」については参加率（実施率）を測っていること		
		ワークライフバランスの推進	⑦適切な働き方実現に向けた取り組み		
		職場の活性化	⑧コミュニケーションの促進に向けた取り組み		
		病気の治療と仕事の両立支援	⑨病気の治療と仕事の両立の促進に向けた取り組み(⑯以外)		
	従業員の心と身体の健康づくりに向けた具体的対策	保健指導	⑩保健指導の実施及び特定保健指導実施機会の提供に関する取り組み ※「生活習慣病予備群者への特定保健指導以外の保健指導」については参加率（実施率）を測っていること		
		健康増進・生活習慣病予防対策	⑪食生活の改善に向けた取り組み		
			⑫運動機会の増進に向けた取り組み		
			⑬女性の健康保持・増進に向けた取り組み		
		感染症予防対策	⑭従業員の感染症予防に向けた取り組み		
		過重労働対策	⑮長時間労働者への対応に関する取り組み		
		メンタルヘルス対策	⑯メンタルヘルス不調者への対応に関する取り組み		
		受動喫煙対策	受動喫煙対策に関する取り組み	必須	
	取組の質の確保	専門資格者の関与	産業医又は保健師が健康保持・増進の立案・検討に関与		
4．評価・改善		取組の効果検証	健康保持・増進を目的とした導入施策への効果検証を実施	必須	
5．法令遵守・リスクマネジメント（自主申告）※「誓約書」参照			定期健診の実施、健保等保険者による特定健康診査・特定保健指導の実施、50人以上の事業場におけるストレスチェックの実施、従業員の健康管理に関連する法令について重大な違反をしていないこと、など	必須	

（引用）　経済産業省ホームページ　https://www.meti.go.jp/policy/mono_info_service/healthcare/downloadfiles/kenkokeieiyuryohojin2020_daikibo_ninteikijyun.pdf

次に、健康経営に取り組むとはどういうことなのか具体的に紹介します。ここでは、経済産業省が健康経営アワードに使用される健康経営調査票（大規模法人部門向け）の認定項目を見てみましょう。上図表からみると、法律で義務付けられている定期健診（評価項目②）から始まり、時間外労働等の労務管理（評価項目⑦⑮）、アニュアルレポートへの記載の広報・IR（大項目1）や、ヘルスリテラシーの向上（評価項目⑥）、そして潮流の受動喫煙防止（小項目）、女性の健康増進（評価項目

⑬）、そして現在流行している新型コロナウイルス感染症（COVID-19）は感染症予防対策（評価項目⑭）に該当し、健康増進だけでなくライフワークバランスや両立支援、そして職場の活性化（エンゲージメント）や生産性の向上、保険者との連携（コラボヘルス）等、大変幅広い項目が網羅されていることが伺えます。認定基準を図表4―13に示します。

さて、このように大変幅広い項目（基準）があるため、企業においては法令の産業保健スタッフや人事部だけでは対応が困難です。実際、健康経営に取り組めば対応する部署も多くなり、組織全体で経営戦略として取り組む必要があります。またヘルスケア商品を取り扱っている上場企業は、ヘルケアビジネスの企業として自分たちが健康でないと商品やサービスへの信頼性が棄損すると考え、いち早く健康経営に取り組み、そして自社の商品やサービスのアピールとして、健康経営の取り組みを活用しています。

では、企業が健康経営に取り組むと、どんな投資が必要となり、どんな効果が期待されるかというと、図表4―14の通りです。

こちらは、経済産業省が健康経営を推奨する際、2014年当初から使用している期待される効果の一つで、グローバル企業のジョンソン・エンド・ジョンソンの事例となります。私は、研究者として健康経営の実証研究も行っており、日本でも、同様のイメージアッ

図表4－14　健康経営の期待される投資リターン

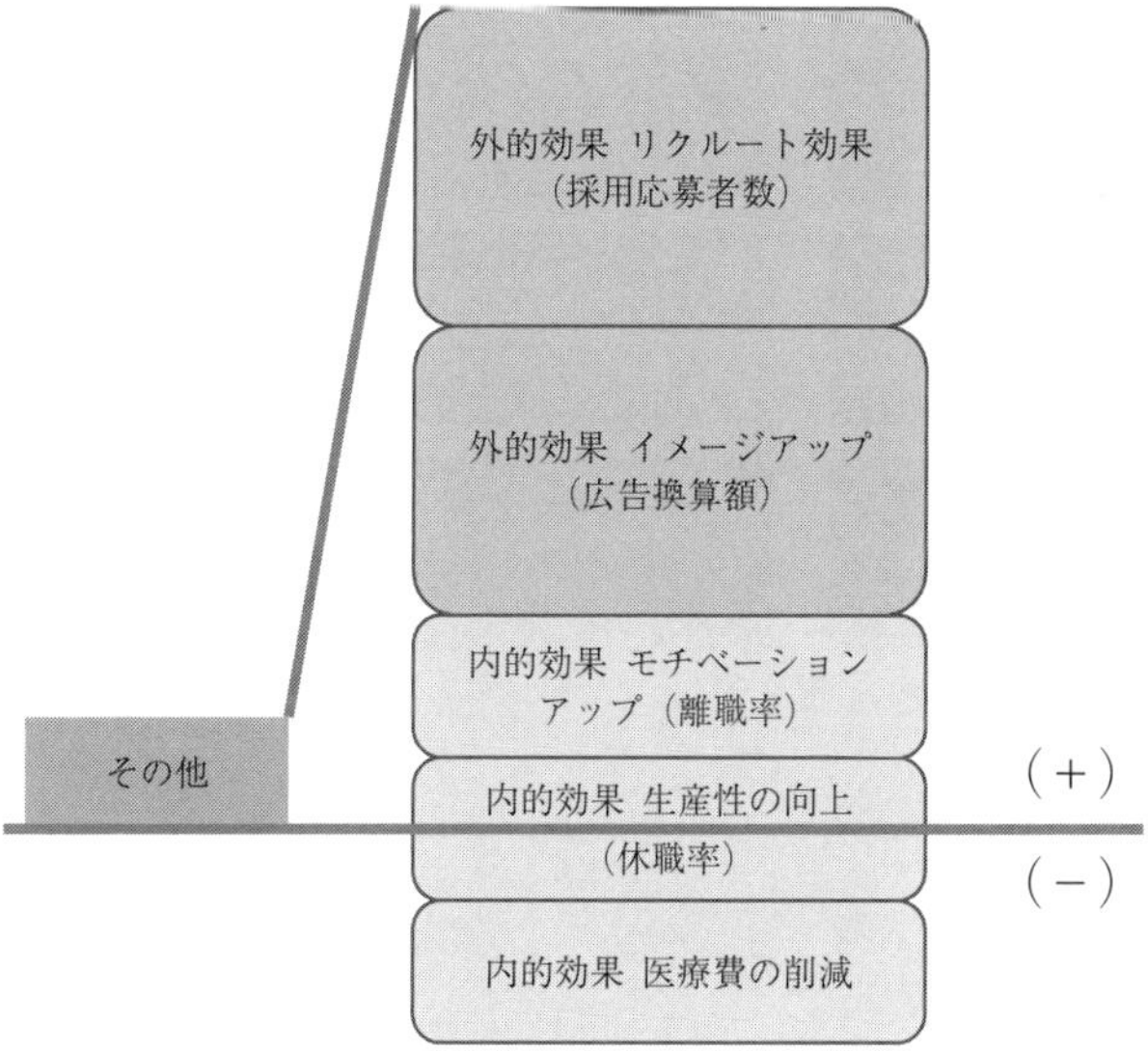

※社員の健康は重要な健康資源。病気の予防に投資すれば２～３倍になって業績に跳ね返ってくる。
（引用）儲かる『健康経営』最前線」ニューズウィーク誌2011年３月号より筆者作成

プやリクルートなどの効果を昨年確認しています。日本でも企業が健康経営を経営戦略として取り組めば多くの効果が期待できることが分かってきました。図表４－14の通り、当然、健康経営に取り組んでいる企業は効果を実感しており、これから取り組む企業は年々増えていくことでしょう。

そこで、前述の図表４－２の通り健康経営を支えるサービスの市場規模は２０２５年には約７６００億円と推測さ

図表4－15　健康経営サービスマップ（2019年10月）

お菓子 （例）office glico	食事提供 （例）オフィスおかん	ジム・フィットネス （例）RIZAP
社内BGM （例）USEN	植物 （例）ユニバーサル園芸社	リラクゼーション （例）サウンドヘルス
睡眠・昼寝 （例）Neuro Space	香り・アロマ （例）@AROMA	その他 （例）FiNC for BUSINESS

（引用）　Worker'sResort 編集チームより筆者作成

れますので、ヘルスケア関連の商品やサービスを保有しているか、また提供している企業は、商機ととらえ参入が相次いでいます。

健康投資でいえば、保健指導等利用費で産業医を斡旋する企業や、システム開発・運用ではシステム会社が該当します。設備費では、昇降机などのオフィス家具メーカーが該当します。また具体的な健康経営の認定項目でみれば、⑫運動機会の増進に向けたとりくみでは、従来のフィットネスクラブ業界だけでなくマンツーマン指導で結果にコミットして有名なライザップ（https://www.rizap.jp/lp/corp/healthseminar/）や、健康経営を促進するトータルサポートサービスのFiNC（http://company.finc.com/business/）等があります。

その他のサービスは、図表4―15の健康経営サービスマップをご覧下さい。

ワークライフバランスを推進するＩＴ企業やデバイス、また両立支援、禁煙支援等の業界は載っていませんが、実に様々な企業が参入していることが伺えます。ところで、なぜ植物が健康経営に資する商品なのかというと、オフィスで植物を見るとストレス値が下がる、つまりメンタルに好影響があるという研究成果があるからです。

さて参入する企業は多いのですが、商品またサービスの多くは、そもそもエビデンスがなかったり、従来と比較して測定の性能が●％上がった、●％効果が上がったと謳ったり、ＢｔｏＣ向けのエビデンスがある商品またサービスを一部変更し、ＢｔｏＢｔｏＣ（Business to Business to Consumer）向けに参入していたりしますが、オフィスで実証していない企業が多くある印象です。前項のヘルスケアビジネスの要諦でも書きましたが、性能が●％あがったとか効果が●％上がった等の提示は、効率的ではありますが、戦略としては既存のシェアを取りに行くことになりますので、資源大量投入戦略となり、企業間同士ですでに取引のつながりがあると、シェアを奪うのは容易ではありません。そうではなく、取り扱う商品またサービスが、Well-Being に役立ち、図表４―14の投資リターン（生産性の向上、医療費の削減、モチベーションの向上、リクルート効果、イメージアップ）を

図表4－16　運動を促すサービスまたは商品を取り扱う企業の考え方

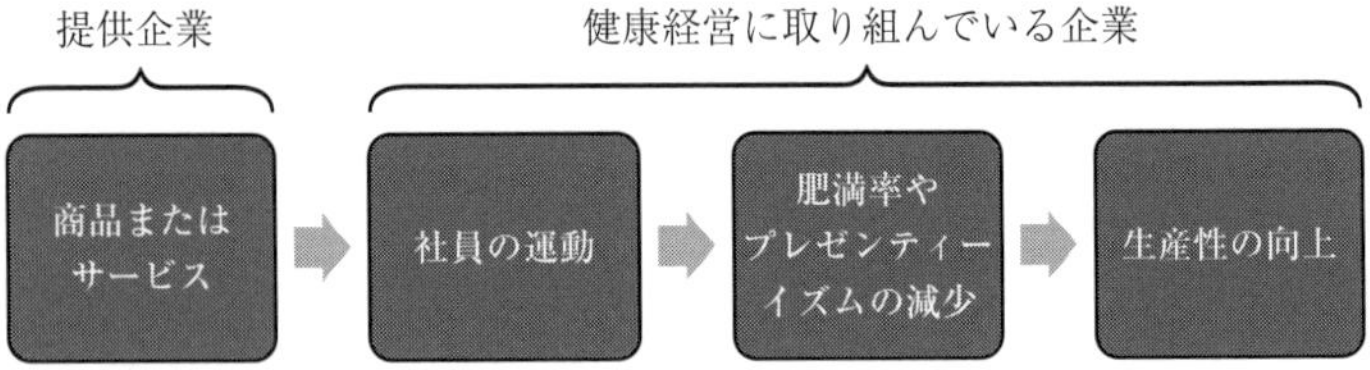

（筆者作成）

含むエンゲージメントやロイヤリティー等の経営項目にまで影響を与えることを検証するとよいでしょう。つまり、サービス商品提供の企業は、対象企業と組んで、提供する商品またサービスの効果だけでなく、経営課題の項目も一緒に測定するしかないということです。考え方としては図表4—16のようになります。

そして、論文化し特許含むエビデンスとして蓄積する必要があります。エビデンスがたまれば競争優位も持てることでしょう。ぜひ、対象企業と一緒に経営課題の解決に向け、取り扱っているサービスまた商品の実証をしていきましょう。また健康経営に取り組む企業は、最初は大変かと思いますが、基準に適応することで、企業としてイノベーションを起こし成長できる可能性があります。健康経営を規制ととると大変です、また小手先だけで対応するとせっかくの機会を無にする可能性があります。特にヘルスケアを取り扱う会社は積極的に取り組み、企業文化含めイノベーションのツールとしてご活用ください。

第5章

ヘルスケアビジネスの具体的事例

本書では、ヘルスケアビジネスを「Well-Bing を実現するために、必要なモノやサービスを提供し事業体を継続的に行うこと」と定義しています。そこで、本章で紹介する事例は、ヘルスケアビジネスを行っている、起業事例として介護事業者の課題を解決する株式会社Ｍｏｆｆ、産学連携を基に脳科学の産業応用を目指す株式会社ＮｅＵ、健康経営として眠りを科学する株式会社ニューロスペース、大企業の健康医療機器ビジネスから始まったオムロン ヘルスケア株式会社、そして一般社団法人としてヘルスケア領域におけるイノベーションを起こそうしている社会的健康戦略研究所を取り上げます。

1 株式会社Ｍｏｆｆ

(1) 会社概要

会社名：株式会社Ｍｏｆｆ、所在地：東京都港区南青山3-3-6クアルソ南青山ビル

設立：２０１３年10月、代表者：高萩昭範、ＵＲＬ：https://jp.moff.mobi

事業内容：ＩｏＴ技術を活用したヘルスケアサービスの企画・開発・販売「家族を活き活きと元気に」をミッションに、自社開発のウェアラブル端末Ｍｏｆｆ Ｂａｎｄを中心と

したモーション認識・データ解析技術を組み合わせて、介護施設向けＩｏＴリハビリ支援サービス「モフトレ」などを展開。介護施設でのリハビリ／個別機能訓練業務の計画書作りからトレーニング、記録・評価まで幅広い分野をカバーしています。

第４章の通り、２０２５年に向け最も産業の成長が期待される要介護／支援者向けサービス（２兆８０００億円）の中で、２０２０年１月に第三者割当増資を実施した、ＩｏＴリハビリ支援サービスを展開する株式会社Ｍｏｆｆの高萩昭範の代表に話を伺いました。

(2) 介護事業の環境

急速に拡大する介護市場に対応するために２０２５年問題としても取り扱われる日本の超高齢社会化は、世界に類を見ないほどのスピードで進んでいます。これに伴い、介護が必要な人口も年々増えています（図表5―1表参照）。

一方、高齢者を支える介護分野の人材は、２０１８年８月の介護労働安定センターの「平成29年度介護労働実態調査」によると、図の通り66％の介護施設で人手不足が問題となっているのが現状です。

図表５－１　第１号被保険者（65歳以上）の要介護認定者数の推移

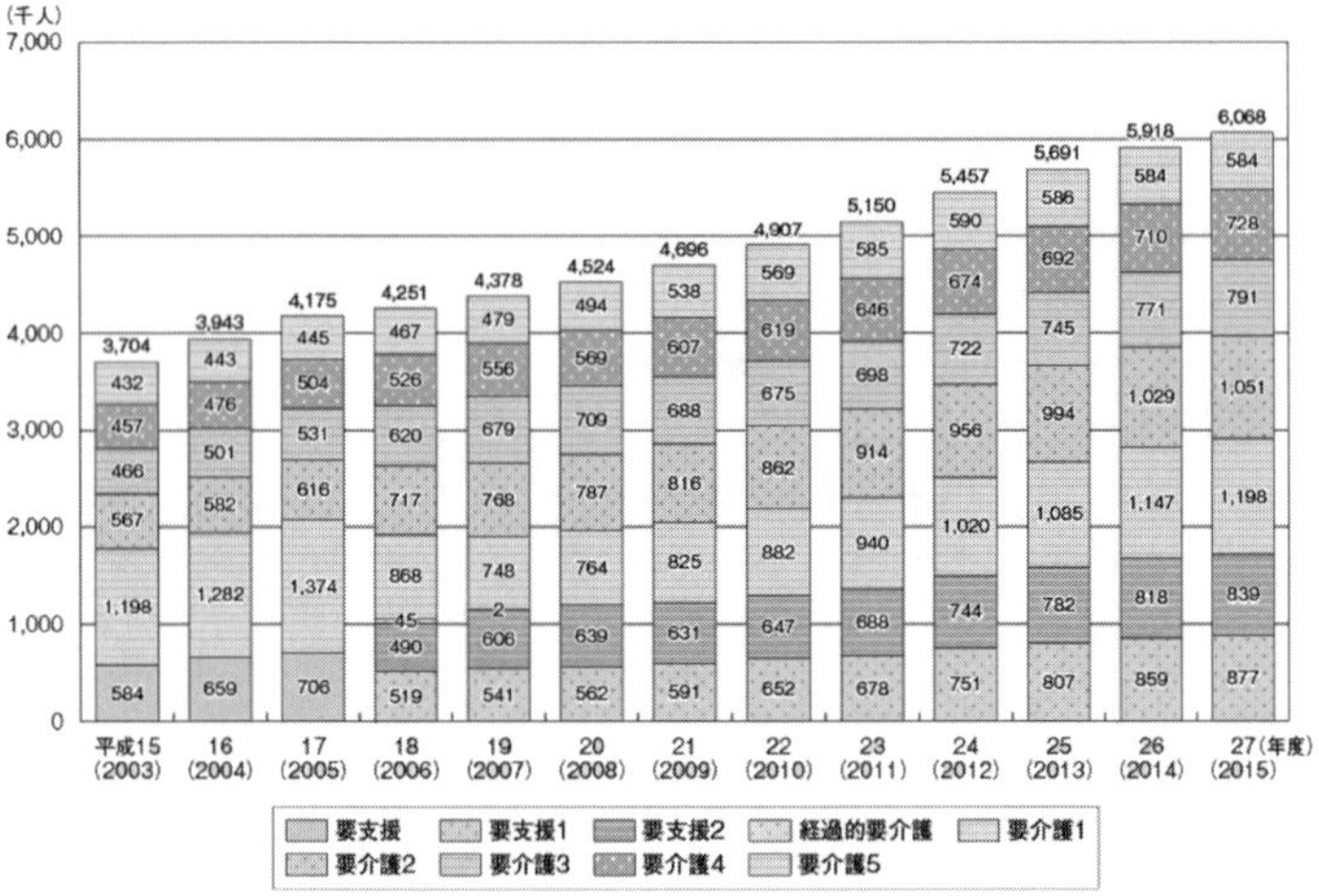

資料：厚生労働省「介護保険事業状況報告（年報）」
（注１）　平成18年４月より介護保険法の改正に伴い、要介護度の区分が変更されている。
（注２）　平成22（2010）年度は東日本大震災の影響により、報告が困難であった福島県の５町１村（広野町、楢葉町、富岡町、川内村、双葉町、新地町）を除いて集計した値
（引用）　内閣府　2018年版 高齢社会白書（全体版） https://www8.cao.go.jp/kourei/whitepaper/w-2019/zenbun/01pdf_index.html

こういった状況を鑑みて、介護分野では省人化が急務となっており、急速にＩｏＴの導入が検討されています。

Ｍｏｆｆは、２０１７年にＩｏＴによる高齢者のリハビリ支援サービス「「モフトレ」と「モフ測」のサービスを開始し、これまで多くの介護施設に導入してもらい、利用者は増加しています。

図表5－2　介護サービスに従事する従業員の過不足状況

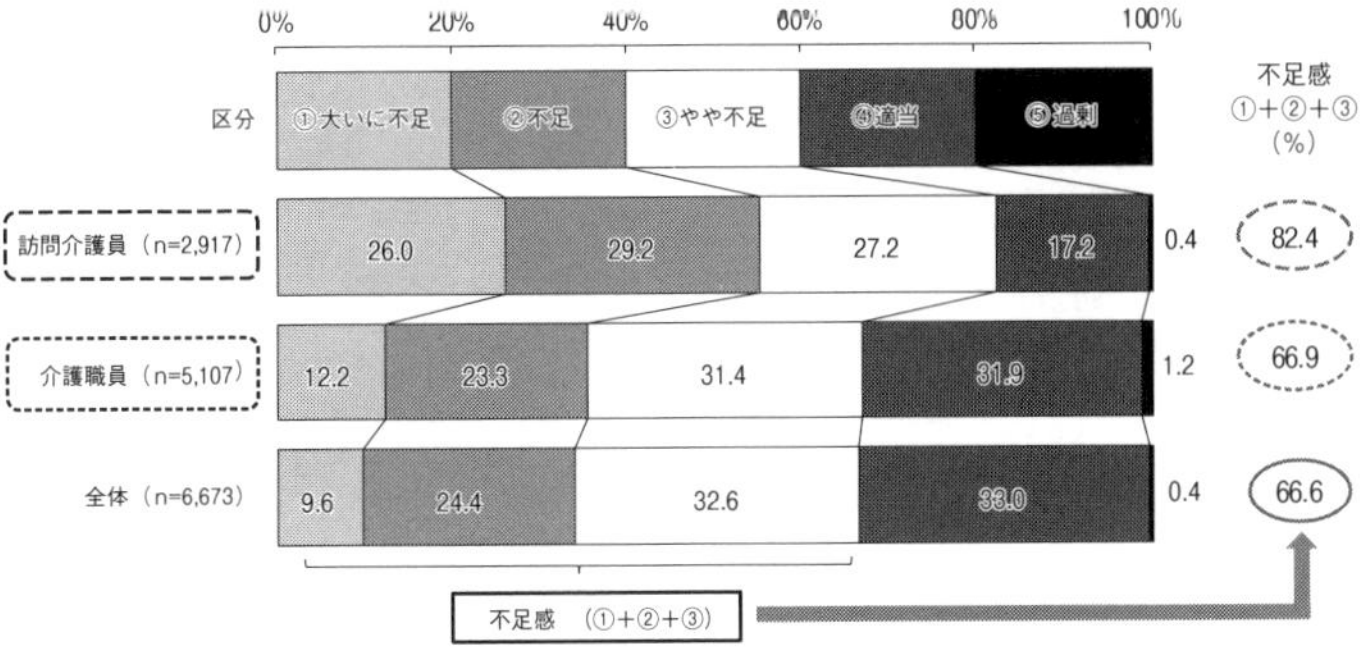

（引用）　平成29年度介護労働実態調査　http://www.kaigo-center.or.jp/report/pdf/h29_chousa_kekka.pdf

(3) サービス概要

「モフトレ（http://www.moff-training.jp/）」とは、ウェアラブル端末（モフバンド）を使った、高齢者のリハビリ支援サービスです。通所介護などの介護施設を利用される方に対し、高価な器具やスペース、人手をかけずに、個別機能訓練（リハビリテーション）やＡＤＬトレーニング／ロコモ予防トレーニングを実施でき、介護施設における個別機能訓練加算の取得業務にも利用できます。

「モフ測」とは、センサーによる歩行・体幹姿勢の動作確認やＲＯＭ計測など、リハビリを通じた患者の回復度合いをデータに基づき見える化を行うＩｏＴリハビリ支援・見える化サービスです。

これらのリハビリ支援サービスは「Ｍｏｆｆ Ｂａｎｄ」というウェアラブルデバイスを使って

図表５－３　介護施設向け IOT リハビリ支援サービス

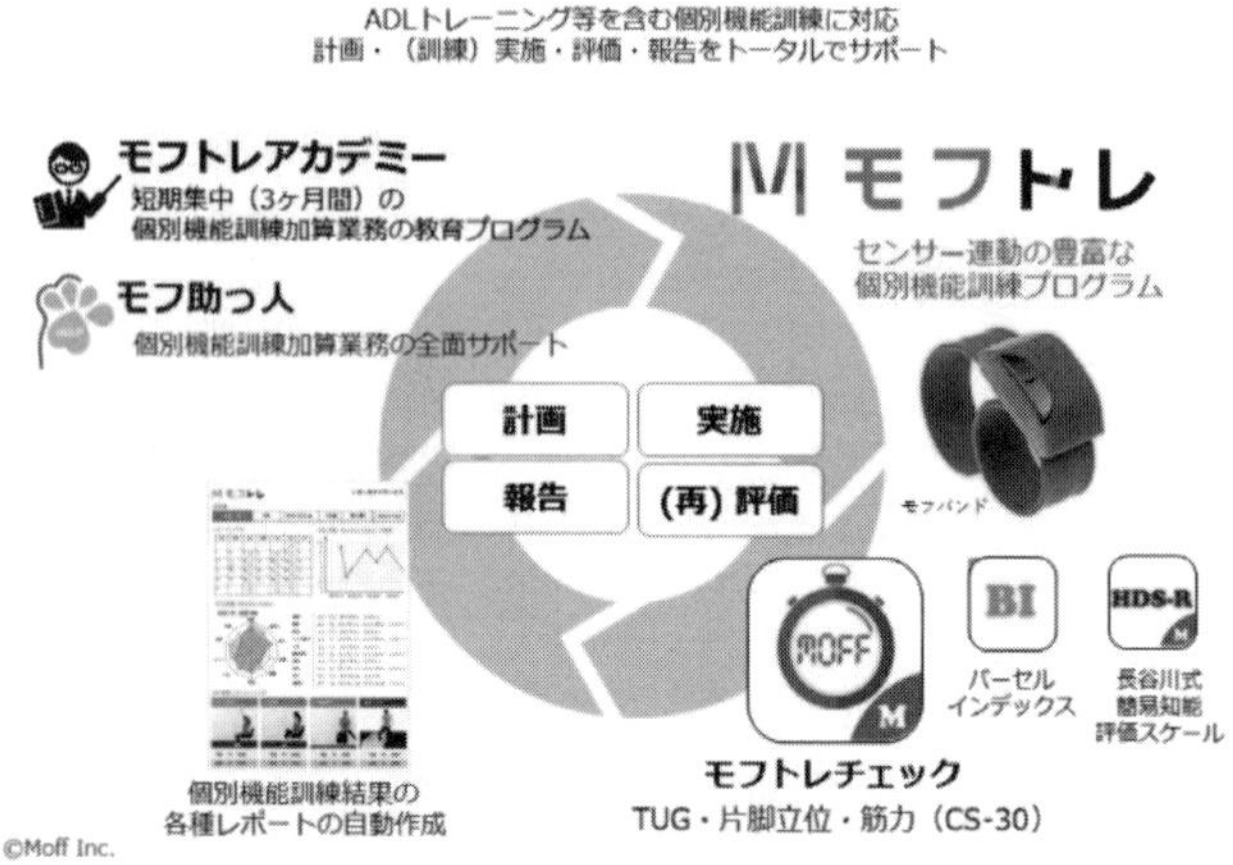

（引用）　Moff ホームページ　https://jp.moff.mobi/

図表５－４　モフ測の紹介

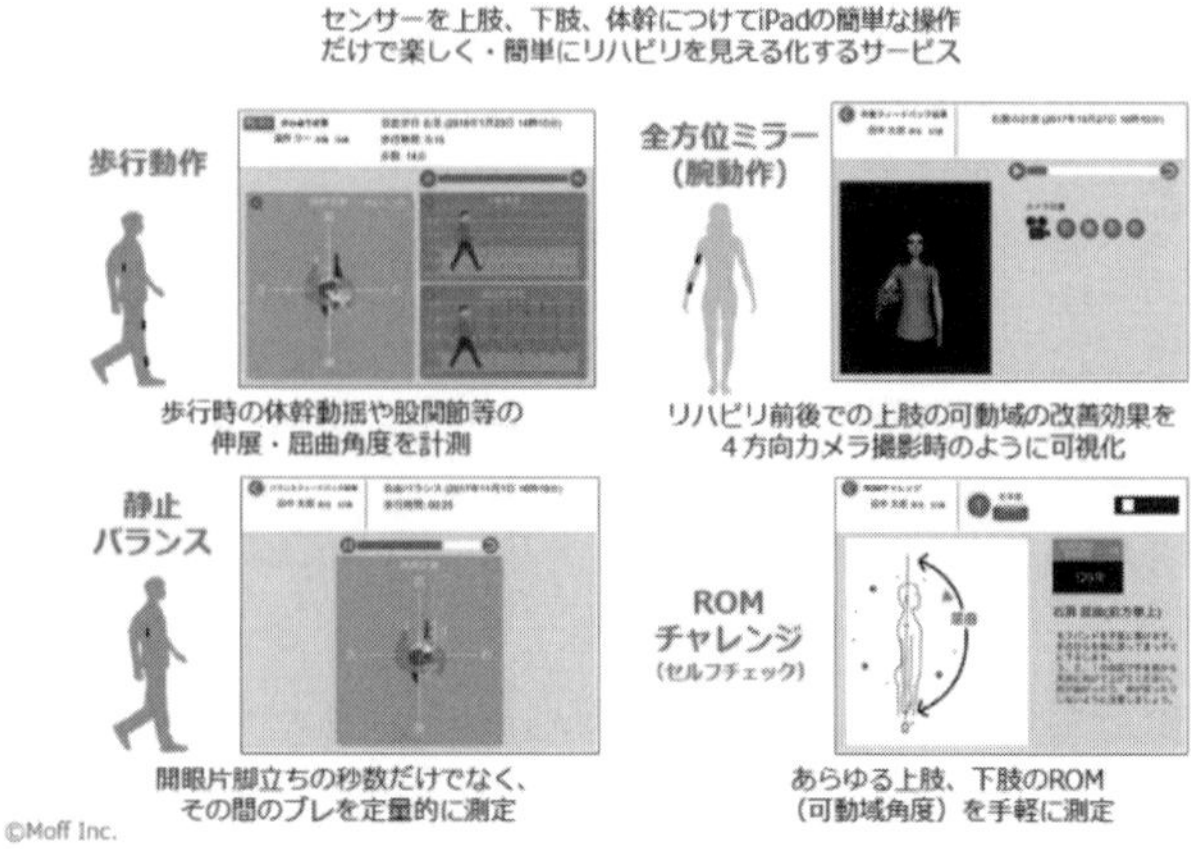

（引用）　Moff ホームページ　http://moffsoku.jp

行います。「Ｍｏｆｆ Ｂａｎｄ」は、臨床研究に適した水準ながら子供向けとしても利用できる手軽さと、高度なモーションキャプチャー技術を両立したウェアラブルデバイスです。

また、高齢者の自立支援をデータに基づく科学的アプローチでサポートしていくために、ＩｏＴ／ＡＩ技術を活用してリハビリ業務の見える化・高度化に貢献するとともに、医療から介護までのシームレスなリハビリ支援を実現していきます。

(4) 高萩昭範代表へのインタビュー

――ビジネスモデルについて

介護事業者の課題として、そもそも理学療法士と作業療法士といったリハビリ専門職がおらず看護師または介護職員しかいない、または居ても少人数しかいない現状があります。

介護施設におけるリハビリや個別機能訓練の、①計画書作成、②トレーニング、③記録、④評価、に手間が大変かかる、看護師または介護職員だと経験がなくやり方がわからない、また外部委託するとコストがかかっていました。これを、介護施設向けＩｏＴリハビリ支援サービス「モフトレ」を導入すると、手間が削減でき、かつコストも削減できる仕組みになっています。これで、介護事業者の負担を大幅に減らすことができ、他の業務に対応できるようになります。

――強みと弱み

ウェアラブルデバイスの「Ｍｏｆｆ Ｂａｎｄ」はシンプルな端末でありながら、運動モーションキャプチャー等の高度な技術と、腕にまくだけで簡単に測定できるのが強みです。

弱みは、「モフトレ」「モフ測」が、テクノロジーを使ったリハビリ（個別機能訓練）の支援というまだ新しい分野のため認知度が低く、約10万の介護施設等がありますが、浸透度が低い点です。今後は、マーケティング活動や大手介護事業者が運営している高齢者住宅・施設などに導入また協業し、導入先を増やしていきます。

――起業のきっかけと実現したい未来

元気な高齢者を増やしたいと思っています。私のおばあちゃんは、99歳まで一人暮らしをして、100歳まで元気に過ごしていました。弊社のサービスを使っていなかったのですが…（笑）。でも現実には、元気に長生きできている人は少ないのが現状です。元気でいるためには、身体的機能の維持がかかせません。そこでリハビリ等が必要になります。

リハビリは、マンツーマンが一番効率が良く効果的にアウトカムが向上すると考えています。しかし現実的には、理学療法士と作業療法士によるリハビリテーションが様々な理由で行き渡らず対応できていません。そこで、モニター画面を通じて運動を視聴するという方法もありますが、これは一方通行になり、リハビリ患者や高齢者の方が適切なリハビリテーションの動きの理解が難しいなどの理由で、効果が高いとはいえません。また参加者のモチベーションも低いことが多く、もったいなく残念でした。しかし、モフトレを導入することによって、一方通行ではなく、運動の見える化により、インタラクティブになり、効率的にリハビリが行われることが可能になります。

Ｍｏｆｆの商品&サービスは、トレーニングの①機会を増やす、②見える化が行われ、③参加者のモチベーションが高く維持できる、結果リハビリがすすみ、元気な高齢者が増えることが可能になります。

――イノベーションとは？

改良とイノベーションは違います。改良は、従来からあるモノ・サービスの延長と考えています。しかしイノベーションは、土台から解決、従来にない新しい仕組みだと考えています。

Ｍｏｆｆの強みは身体の動きを定量的に把握するモーションキャプチャーが手軽にできることです。モーションキャプチャーはこれまで主に研究機関で使われるような大掛かりなシステムであることが多いです。また、このモーションキャプチャーの技術を、リハビリテーションや介護施設の現場でも使いやすい形のサービスに仕上げています。これはそうそう真似出来るものではありません。さらに、腕に巻くだけと、簡単に利用できるのも特徴です。現時点で、私達のサービスが、イノベーションと呼べるかどうかわかりませんが、新しいことに挑戦し、介護事業者の課題を解決しようとしています。

2 株式会社NeU

(1) 会社概要

会社名：株式会社NeU、所在地：東京都千代田区神田司町2-2新倉ビル
設立：2017年8月、代表者：長谷川清、URL：https://neu-brains.co.jp/
事業内容：東北大学加齢医学研究所 川島研究室の「認知脳科学知見」と、日立ハイテクの「携帯型脳計測技術」を融合して、誕生しました。長年培った脳科学の知見と技術を軸に、社会のさまざまな分野で人にフォーカスしたソリューションを展開し、脳科学の産業応用をめざしていきます。NeUは、人に寄り添い、人を知ることを大切に、そして、人々のQuality of Lifeの向上に貢献しています。

第3章の通り、経済産業省主催の「ジャパン・ヘルスケアビジネスコンテスト2019」にてビジネスコンテスト部門優秀賞に輝き、かつ日立ハイテクの〝産〟の技術と、東北大学の〝学〟の知見の連携の好事例として、ブレインテックで脳血流から学習を最適化するNeUの長谷川清代表に話を伺いました。

図表５－５　65歳以上の認知症患者の推定者と推定有病率

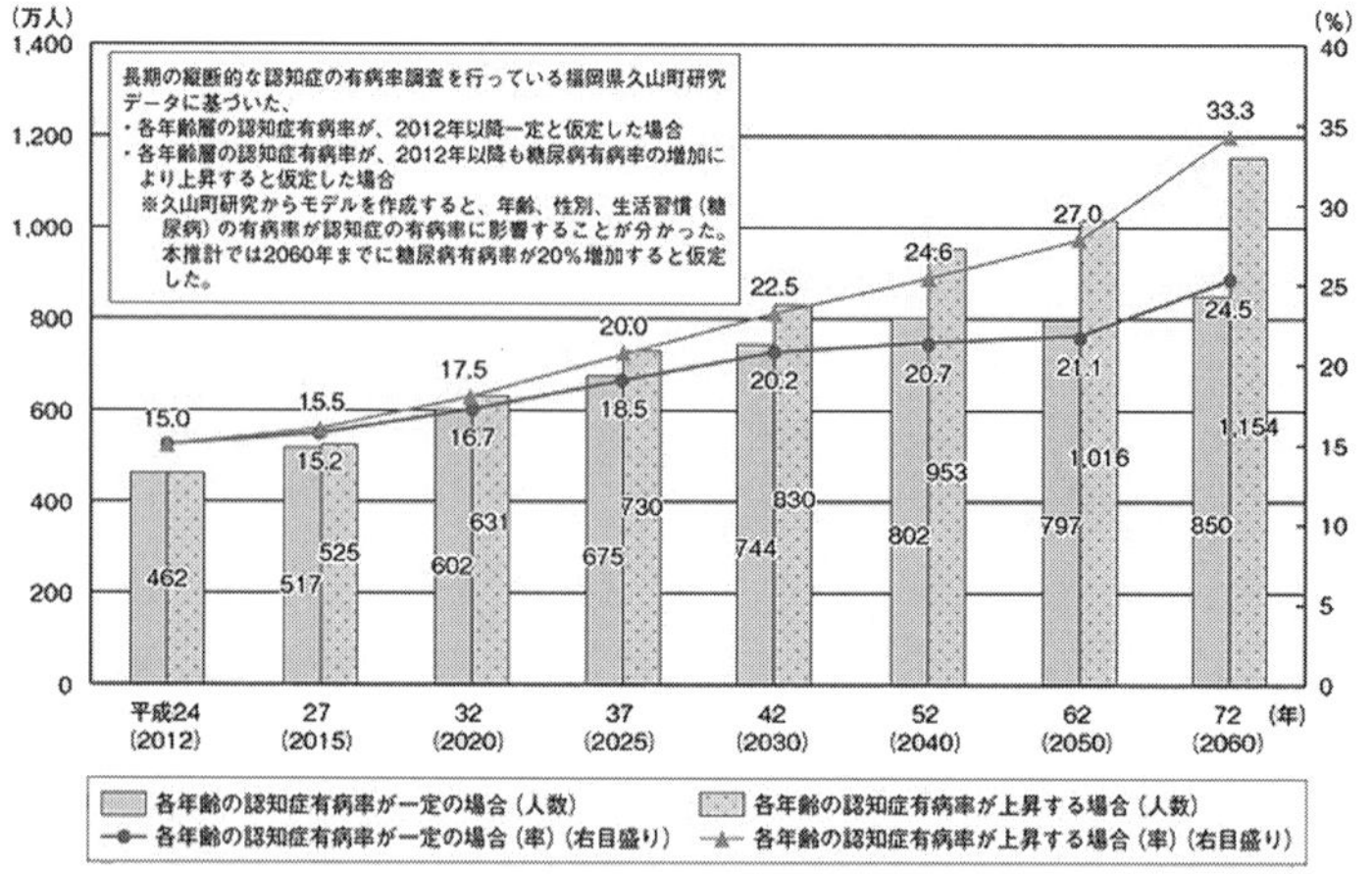

資料：「日本における認知症の高齢者人口の将来推計に関する研究」（平成26年度厚生労働科学研究費補助金特別研究事業　九州大学二宮教授）より内閣府作成

（引用）　厚生労働省　平成29年版高齢社会白書（概要版）第１章高齢化の状況（第２節３）⇒第２節高齢者の姿と取り巻く環境の現状と動向(3)⇒３高齢者の健康・福祉⇒認知症高齢者数の推計　https://www8.cao.go.jp/kourei/whitepaper/w-2017/html/gaiyou/s1_2_3.html

(2) 認知症環境

厚生労働省は、２０１７年に、「65歳以上の認知症高齢者数と有病率の将来推計についてみると、平成24（２０１２）年は認知症高齢者数が４６２万人と、65歳以上の高齢者の約７人に１人（有病率15・０％）であったが、令和７（２０２５）年には約５人に１人になるとの推計もある（上図）」と発表しました。

自分が認知症になったり、認知症の人が周りに増える社会が近づいていることが伺えます。

そして、政府は2015年に「認知症施策推進総合戦略（新オレンジプラン）」を策定して、省庁を横断した認知症の取り組みを進めています。2019年には、認知症施策推進大綱（https://www.mhlw.go.jp/stf/seisakunitsuite/bunya/0000076236_00002.html）をとりまとめ、高齢化に伴う認知症の人の増加という課題への取り組みを進めています。

市場規模では、認知症薬としては、2020年で約1900億円（富士経済グループhttps://www.fuji-keizai.co.jp/market/detail.html?cid=16092&view_type=2）となり、また認知症ケア支援サービスは2020年には約433億円（シード・プランニング／https://www.seedplanning.co.jp/press/2016/2016112201.html）となり、他にMCI（軽度認知障害）関連サービスがありますが、少なく見積もっても約2400億円以上の市場が推測されます。

またブレインテックという領域があり、脳や身体に対して計測を行ったり、刺激を与えて状態を変化させるテクノロジーを指し、NeUはこちらにも該当します。ブレインテックの市場規模としては、三菱総研によると、「医療／ヘルスケア領域（医療機器やスリープテック）」「ニューロマーケティング（脳神経科学を使ったマーケティング手法）領域」「脳活動モニタリング領域」「BMI領域」「生産性向上領域」が含まれ、3・8兆円と巨

図表５－６　NeU が提供する脳科学ソリューション

（引用）　NeU ホームページ　https://neu-brains.co.jp/

大な市場になっています（創薬や医療行為そのものは含んでおらず）。

(3) サービス概要

以前より、脳の研究は脳波が主流だったのですが、脳波の計測にはノイズがつきものでした。最近はｆＭＲＩを用いた脳血流を測る研究が多く発表されるようになりました。そこでＮｅＵは、脳血流を日常的な環境でも計れるＮＩＲＳ技術に着目し、活用しています。ＮＩＲＳ（near-infrared spectroscopy）は、近赤外線を利用して大脳皮質の活動状態を日常的な環境にて調べることのできる技術です。ＮＩＲＳでは頭皮上の血流も計測してしまうということがよく言われますが、ＮｅＵが開発したヘッドセットではマルチディスタンス方式という方法で頭皮の血流などの影響を低減しています。

提供しているサービスは、左記4点です。

・ブレインフィットネスとは、【脳のトレーニング】です。健康寿命の維持向上には、身体と同様に脳も日々のトレーニングが必要です。小型軽量のヘッドセットで脳活動を計測して、より効果的な脳のトレーニングメニューを提供します。

・働き方改革 ExBrain@Business とは、【脳活動＝働く力】という考え方の元、脳科学に基づいた改善施策の提供など、ヒューマンオリエンテッドな「働き方改革」を支援します。

・ニューロマーケティング・感性評価とは、【企業向けコンサルティング サービス】です。マーケティングリサーチ分野だけでなく、商品企画や設計段階から「人」を知ることにより、グローバル化・多様化するニーズに対応したモノづくりを支援します。

・脳計測ハードウェア（ＮＩＲＳ）＆システムとは、【研究用機器の販売・提供】です。20年以上に渡る技術開発力を集結して脳血流量変化を計測する多チャンネル型のウェアラブル光トポグラフィ（ＮＩＲＳ）を企業や研究機関向けに販売しております。

(4) 長谷川清代表インタビュー

──イノベーションを含むビジネスモデル

弊社は、ハードウェアと解析＆サービスで成り立っています。まず脳を計ることですが、

計測対象の信号が微細なため、変化を捉えるのが非常に難しい世界です。計測時の僅かな差が、結果に大きな影響を与えます。脳の信号は大変微小で、この信号をキャッチする技術（測定）が大切です。そのため、弊社では日立の最先端の技術を使っています。

さらにその先に、測ったデータをどのように解釈するかがまた難しいです。多くのハードウェアメーカーは、ハード作りまででアプリケーションサービスまで行っていないのが現状です。弊社が、東北大学と組んだ理由の一つに、測定データを解釈できるということがあります。ただハードを提供するだけではない、またデータを解釈するだけではない、ハード&サービス一体で提供できるがビジネスモデルです。

――強み、弱み（同業他社含む）

①弊社の装置は、光で計測するため電波の影響を受けずに測定ができます。②従来の脳波測定器は脳由来以外の電気的信号（ノイズ）の影響を受けることが課題であり、日常的な生活で脳波を測定するのは不利でした。③また従来の脳計測器に比べ小さくできるため、日常的に測れるのが特徴です。

技術的なライバルは、日立のヘルスケア事業部や、島津製作所等でしょうか。しかし両社ともメーカー志向であり、未病へのヘルスケア（予防）に対応する製品はないと考えています。サービスまで一体化しているのは弊社だけと考えます。また海外のライバルは脳波計が多く、脳波研究者の多くは、今までの研究知見がＮＩＲＳに応用できていないためＮＩＲＳを使った研究に参入できていないと想定されます。また基礎研究は、ｆＭＲＩ機械での脳の研究が多いのですが、こちらは値段が高く、設備も大きいところがネックです。脳の奥深くまで測れる等のメリットはありますが、小型化が今の技術的では不可能なのでライバルとは考えていません。

弱みとしては、ベンチャー企業として、経営資源の人、モノ、金の内、人材（研究者、経営者、ハードウェアを作る人）を集めるのが大変なことです。大企業に比べ、福利厚生や制度が充実しているわけではありません。現在の日本の働き方と外れるかと思いますが、私はアメリカ駐在の経験から、働きたいときにがっつり働き、休む時はしっかり休むのが良いと考えています。日本の統制感のある働き方は、世界に通用しないのではないかと不安を覚えています。

――起業のきっかけと実現したい未来

ブルーオーシャン市場を狙っています。多くの大企業は、レッドオーシャンになりかけてから入ってきます。ヘルスケアと呼んでいる領域は広く、私達は、①60歳以上の皆様の認知機能を高めるだけでなく、②企業で働いている人の働く力の向上も対象としています。たとえば、技能五輪（JAVADA／https://www.javada.or.jp/jigyou/gino/zenkoku/）の出場選手のサポートをしたところ、成果の向上が認められました。企業での実践では、認知機能、創造性や、生産性も向上することがわかってきました。認知症予防が大きなターゲットであり、世界の中でも最も高齢化が進んでいる日本が中心であるのは間違いないですが、高齢者人口でみると中国は日本の総人口よりも多いのです。つまり、世界中に対象がいるのです。また働く人にも役立つだけでなく、㈱バンダイと連携し0歳からの知育へも応用が進んでいます。脳の仕組み・機能は近年すこしずつ分かってきています。そして、脳はDNAと同様に個人差が大きいですが、脳を計ること（知ること）によって、逆説的ですが、将来的にはDNAによる解明よりもヒトの理解につながるのではと個人的には考えています。脳を知ることによって、未病の領域のヘルスケアがかわり、Quality of Life の改善ができることでしょう。

――イノベーションとはどのように考えますか？　お考えのイノベーションはＮｅＵで可能＆達成できますか？

イノベーションは、パラダイムシフト（全く新しい世界）を起こすことだと考えます。弊社のデバイスは、従来の大型の医療装置（１５０Ｋｇ）と較べ大幅に小型化（30ｇ）を実現し、圧倒的な世の中への変化をもたらしました。技術的革新だけでなく、クラウドでサービスも革新的に起こせました。つまり脳科学の社会実装においてイノベーションを起こせたのではないでしょうか。

――産学連携でのヘルスケアビジネスまたイノベーションについて（課題も含む）

私の出身の日立ハイテクが、なぜオープンイノベーションで東北大学と組んだのかですが、それは日立ハイテク単独ではできないからです。幸運なことに、産学連携を長らく進めた結果として、弊社の資本構成は大変バランスよく構成できました。産学連携でうまくいくポイントの一つに、資本構成があると考えます。大企業から見ると外部に出すメリット、既存事業に引っ張られるデメリットがある中で、日立ハイテク（ＮｅＵ資本構成38％）は、大変理解があったと思います。もちろん自己責任だからと任せられた、もしかしたら実験なのかもしれませんが…（笑）。一方、大学の資本が構成上高いと、社会実装よりも研究が重じられる可能性があります。事業計画の実現が問われる中で、ＢＳ／ＰＬを経験されている大学の研究員がどれだけいるでしょうか。また研究にはお金もかかりますし、成果を社会実装させなければなりません。事業が軌道に乗るのには10年以上かかる場合もあると思いますので資金手当ても必要です。つまり、イノベーションを本気で起こそうと思えば、産学どちらかに資本構成が大きく偏ると問題がでてくると思われます。

最後に、最近の日本企業は小さい日本市場に比重を置きすぎているのではないでしょうか？　対象は世界です！　世界で売れていかないといけません。イノベーションのレベル感を世界基準でみなければならない。夢を小さくみないことが必要でしょう。

3　株式会社ニューロスペース

(1)　会社概要

会社名：株式会社ニューロスペース、所在地：東京都墨田区横川1丁目16-3横川倉庫２Ｆ

設立：２０１３年12月、代表者：小林孝徳、ＵＲＬ：https://neurospace.jp

事業内容：企業向け睡眠改善プログラムを国内大手企業に提供し、企業の健康経営と生産性最大化を支援。最先端睡眠テクノロジーをもとに、睡眠評価デバイスと解析アルゴリズムも開発し、睡眠を軸とした自社プロダクト開発および共同研究実績多数。

第4章の通り、睡眠は公的医療保険・介護保険外で領域があり2025年までに400億の市場の増加が見込まれています。また健康経営は今後期待される経営戦略の一つであり、さらにその産業も2000億の成長が見込まれています。その中で、2019年7月にシリーズAラウンドの資金調達を実施し、経済産業省主催の「ジャパン・ヘルスケアビジネスコンテスト2019」のビジネスコンテスト部門優秀賞を受賞した、テクノロジーで人々の睡眠課題を解決するSleepTechの小林孝徳代表に話を伺いました。

(2) 睡眠環境

2019年の経済協力開発機構（OECD）の統計（Gender Data Portal 2019）によると、1日のうち睡眠に費やす平均時間は、米国528分、英国508分、フランス513分、スペイン516分、中国542分など500分を超える国が多かったのに対し、日本は442分と最短水準となっています。

睡眠が少ないとの弊害は、2016年11月のRAND研究所の分析（https://www.rand.org/randeurope/research/projects/the-value-of-the-sleep-economy.html）によると、睡眠不足による経済損失は、日本では年間$138Billion（約15兆円）で、GDP比2.92％となっており、アメリカの$411BillionでGDP比2.28％を抜いて、経済に与える影響はOECD5か国の中で最大と推測されています。

さらに2017年の新語・流行語大賞に、「睡眠負債」という言葉がノミネートされました。日本人の約4割が睡眠時間6時間未満という「睡眠負債」の状態に陥っていることが話題になりました。睡眠負債とは、William C. Dement教授（スタンフォード大学）により提唱された言葉で、日々の睡眠不足が借金のように積み重なり、心身に悪影響を及ぼすおそれのある状態であると定義されています。睡眠時間の短さはその場限りの問題ではなく、累積して恐ろしいダメージを人体に与え、回復するには不足分の何倍もの睡眠時間を必要とします。わずかな睡眠不足が積み重なり「債務超過」の状態に陥ると、生活や仕事の質が低下するだけでなく、うつ病、がん、認知症などの疾病に繋がるおそれがあるとされています。

睡眠市場は、2016年の寝具新聞社の調査によると1兆2359億円となり、潜在需要はその倍以上ともいわれています。

(3) サービス概要

企業向け睡眠改善プログラム「leeBIZ（リービズ）」を国内大手企業に提供し、企業の健康経営と生産性最大化を支援しています。また、最先端睡眠テクノロジーを活用し、独自の睡眠計測デバイスと解析アルゴリズムをもとに、共同研究開発も行う睡眠テクノロジーベンチャーです。

法人向けサービス「leeBIZ（リービズ）」は、企業が従業員の眠りを改善するためのプログラムで、イスラエルの企業「EarlySense（アーリーセンス）」が開発した高精度センシングデバイス（センサー）を用いて、マットレスの下に挿入すると、眠りの深さや睡眠時間などが計測できます。また取得した呼吸・心拍・体動などのデータを解析することで、寝つきまでの時間や中途覚醒時間と回数、ノンレム睡眠やレム睡眠といった睡眠のステージなどをはじき出すことが可能です。さらに、デバイスが集めた客観的なデータと「よく眠れたか」「朝のすっきり感」「昼間眠気が来ないか」などのユーザー（契約した企業の従

図表5－7　ニューロスペース睡眠解析プラットフォーム

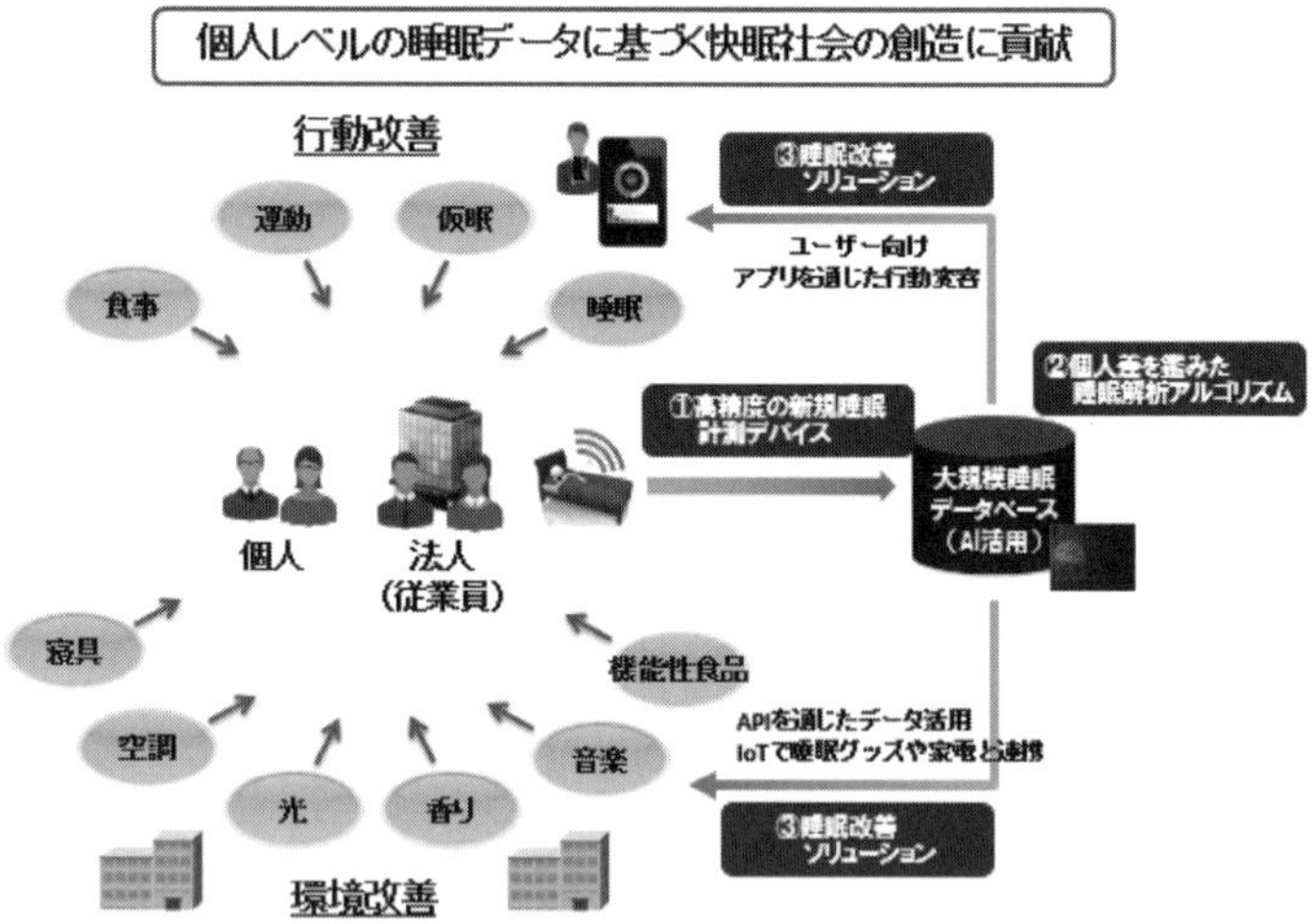

（引用）　ニューロスペースホームページ　https://www.neurospace.jp/

図表5－8　高精度センシングデバイス（センサー）

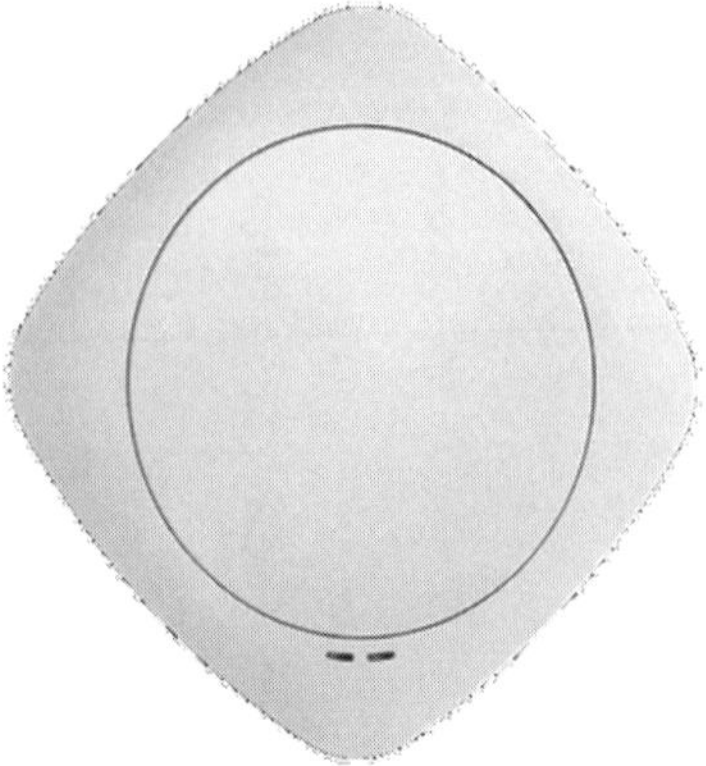

（引用）　ニューロスペースホームページ　https://www.neurospace.jp/

業員）へのアンケート結果を組み合わせて、それぞれに適したアドバイスを行っています。

共同研究開発事例としては、現在ＡＮＡ（全日本空輸）との協業で時差ボケ解消のためのスマホ用アプリをリリースする予定で、その後も一般ユーザーへのサービスにも対象を広げていく方針です。

(4) 小林孝徳代表のインタビュー
——イノベーションを含むビジネスモデル

①ＢｔｏＢｔｏＥ（Business to Business to Employee）市場

事業のスタートは、吉野家さんでの90分の睡眠セミナーからです。当時、睡眠市場は確立されていませんでした。しかし、セミナーでは、多くの参加者から睡眠に対し困っている人がいることが分かりました。

そこで、企業に対応するサービスとして、睡眠サービスの提供を始めました。最初は、従業員１００人とか１０００人に対し、企業最適を目指し参入しました。当時は、寝具メーカーや睡眠薬等の医薬品や補助食品等はありましたが、弊社の様な睡眠だけで

なく日中の行動までアドバイスする企業は存在しませんでした。そういう意味では、睡眠の市場を作ったと思っております。そして次に、睡眠は個人差が大きいので、企業最適だけでは難しいと思い、個人最適化する必要があると考えるようになりました。そこで、睡眠をデータで解析するために、イスラエルのＩｏＴヘルスケア機器ベンチャー企業であるEarlySense社と業務提携し、デバイスを使用するようになりました。これで睡眠の個人最適化が可能になりました。

②ＢｔｏＣ市場

弊社は、睡眠の計測、解析、ソリューションの提供まで一気通貫で対応できるため、以前から個人向け参入を検討しておりました。そこでは、大企業との戦略的パートナーシップが必要と考えていました。現在は、ＡＮＡ（全日本空輸）と時差ボケ調整アプリの開発や日野自動車、ＫＤＤＩと連携し、Ｃ向け市場への参入を果たしています。

――強み、弱み（同業他社含む）

強みとしては、最近は大手企業さんのＢｔｏＢｔｏＥの睡眠市場への参入がありますが、弊社は時期的に一番早かったので、先行者優位（80社）として、経験があるので様々な睡眠課題に対応できることが強みだと考えます。

弱みとしては、そもそも新しいサービスなのでわかりづらい、理解されづらいことがあげられます。弊社は、布団等の寝具や、機能性食品、睡眠薬、等の物理的なモノで睡眠に対応するではなく、上記のデバイスを使って可視化するのが特徴です。また可視化した結果、睡眠時間に始まり、日中どう過ごすか、たとえば運動や食、仮眠、代謝で夜の睡眠が決まりますので、日中の生活や行動変容の動機付けをしていきます。結果、物理的なモノに比べ、効果がでるまで時間がかかります。

たまに睡眠薬もライバルとみられることもありますが、私達は医療ではないので、ターゲットが違います。睡眠で悩んでいる人は、日本全体で3000～4000万人いますが、その内500万人位は睡眠薬、無呼吸症候群で治療を必要とする領域です。私たちのサービスは、医療の領域に行く前に、簡単に睡眠状態を把握し、セルフケアに努めます。また寝具は寝ている時だけですが、私達のサービスは昼間も含め気づかないうちにセルフケアでできるのが強みです。

――実現したい未来

将来は、睡眠が尊重される社会をつくることです。日本は、睡眠時間をとることが軽視、またネガティブな国民です。日本は、寝ないでパフォーマンスあげるのがかっこいいという文化がありました。また、高度経済成長期は「24時間戦えますか？」等、働くほど成長できる社会でした。しかし、今は効率的に働くことが求められています。寝ないで働いて成功している多くの会社経営幹部層がいる企業では難しいですが、弊社では、睡眠を尊重し19時以降メールは見ない等、睡眠を大事に扱っています。

睡眠とは、比較するべきものではなく、個人に最適な時間を見つけるべきものなのです。また、睡眠は、個人の〝権利〟としてあるべきものであり、社会として、また企業、さらに家族間等の個人も、睡眠を尊重するべき対象と考えるべきです。たとえば、会社は、労働時間が長くなると、インターバル出社等が義務付けられ始めましたが、翌日の出社を遅らせる等、個人の睡眠に気を配るべきなのです。また、家族間でも尊重して、睡眠の会話が生まれ、社会として尊重されることを期待しています。

睡眠には、解明されていないことも多いので、業界全体としてはアカデミックな解析が必要です。睡眠医療として基礎研究は研究者の方にお任せし、弊社は病気になっていない方のリアルワールドにおいて、データを集め、人間の睡眠を解明していきます。もちろん、解明したデータは基礎研究者にも返し、睡眠の研究の発展と社会への実装が相乗効果を生み出すことを目指しています。そして昨年は、睡眠サービスコンソーシアム（https://www.sleepconsortium.jp/）を立ち上げ、世の中の普及に努めています。

――イノベーションとはどのようにお考えですか。またお考えのイノベーションはニューロスペースで可能&達成できますか？

起業当時、スマートフォンでゲームとかビジネスモデルが確立している、方程式がある産業は、つまらないし人のためにならないと考えていました。そこで、ヘルスケア・イノベーションは、人類にとって必須なことだと考えました。病気は、時間の経過で、症状が悪化、医療費も高額になります。しかし、日頃の生体情報を測定し、シグナルを検知していれば、症状がでる前に、またはひどくなる前に発見し、手を打つことも可能です。健康や睡眠は、遺伝子でパーソナリティーがバラバラです。睡眠でいえば、朝型、夜型もいます。メディカルイノベーションではなく、病気の前をヘルスケア・イノベーションで食い止めるか、つまり予防がヘルスケア・イノベーションと考えています。

私達は睡眠でイノベーションを起こそうとしています。イメージとしては、レボリューションの方が近いかもしれません。2013年位の睡眠の業界は、寝具か医療なのか2極化していました。しかし、多くの人が不眠症や不眠をともなううつ病になっていた悩みがありました。人間は寝ないといけないのだから、せっかく寝るんだから、可視化すれば、イノベーションを起こしやすい業界かな？　と考えるようになりました。また産業構造をがらっと変えられる可能性を感じていました。イノベーションを起こせる人は、社会のために、人々のために、より豊かな生活のために、困難な第一歩を踏み出せ、努力が出来る人だと思います。

――健康経営における御社の立ち位置と今後の展望（課題も含む）

弊社は創業時から、健康経営や働き方改革の企業向けにサービスを提供しています。その中で、健康経営や働き方改革に、本気で取り組む企業は意外と少ないと感じでいます、健康経営や働き方改革の結果、ブランドやイメージアップを目指すのは良いのですが、従業員の本質的な健康までしっかり踏み込んでいない企業が多いのではないでしょうか？たとえば、全社員向けに弊社の睡眠サービスを導入するのはナンセンスだと思います。自ら睡眠を改善したいと思う人を対象に、導入しなければ生活や行動様式は変更できませんので。お問い合わせお待ちしています。

4 オムロン ヘルスケア株式会社

(1) 会社概要

会社名：オムロン ヘルスケア株式会社、所在地：京都府向日市
設立：2003年7月、代表者：荻野　勲、URL：https://www.healthcare.omron.co.jp/
事業内容：「地球上の一人ひとりの健康ですこやかな生活への貢献」をミッションに、血圧計や体温計、ネブライザ、低周波治療器など、家庭用医療機器・サービスをグローバルに提供しています。オムロンという大企業のヘルスケア分野を担うオムロン ヘルスケアの代表取締役社長の荻野勲氏に話を伺いました。

(2) 循環器疾患事業環境

高血圧患者は今や世界に約10億人、日本には約4300万人いるといわれています。高

血圧の恐ろしさは、自覚症状がないまま進行し、脳卒中や心筋梗塞など脳・心血管疾患を引き起こす原因となることです。脳・心血管疾患は人間の生命を脅かす疾患で、現在では日本人の死因の第二位が心不全、第三位が脳卒中であると言われています。また、死に至らなくても寝たきりや手足のマヒなどの後遺症が残り、患者本人だけでなく家族のＱＯＬ（Quality of Life）を著しく低下させます。脳・心血管疾患の発症を防ぐには、血圧を適正にコントロールすることが重要です。しかし、日本の現状をみると、治療中かつ血圧が適正にコントロールされている高血圧患者は約１２００万人と全体の約27％にとどまり、高血圧と知りながら未治療の人が４５０万人、高血圧と気づいていない人は１４００万人にのぼります。

(3) 事業概要

オムロン ヘルスケアでは、事業ビジョンに「脳・心血管疾患の発症をゼロにする（ゼロイベント）」を掲げ、その実現に向け革新的な商品、サービスをグローバルに提供しています。その一つとして、２０１８年に米国、２０１９年に日本と欧州において医療機器認証を取得した世界初のウェアラブル血圧計を発売しました。このウェアラブル血圧計

図表5－9　日本の高血圧有病者、薬物治療者、管理不良社などの推計数（2017年）

高血圧有病者　4300万人
血圧140/90mmHg以上の国民　3100万人

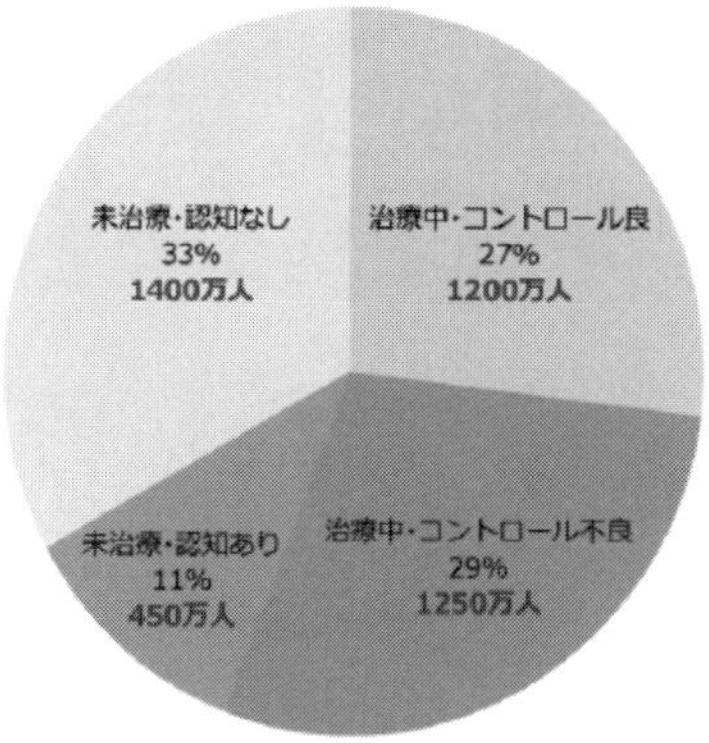

有病率、治療率、コントロール率は2016年（平成28年）国民健康・栄養調査データを使用。
人口は平成29年推計人口。認知率はNIPPON DATA2010から67%として試算。
高血圧有病は血圧140/90mmHg以上または降圧薬服薬中、コントロールは140/90mmHg未満。

（引用）　日本高血圧学会高血圧治療ガイドライン作成委員会（2019）『高血圧治療ガイドライン2019』p.10

は、腕時計型で常時身に付けることができ、血圧が気になるときにいつでもどこでも測ることができます。日中の血圧変動を知ることで、脳・心血管疾患の発症につながる危険な血圧変動を把握できるのではと期待が寄せられています。

　また、高血圧患者の治療継続のハードルとなっているのが、高齢者の通院における負荷や働き盛り世代の通院時間の確保

図表５－10　テレメディーズ® BPの概要

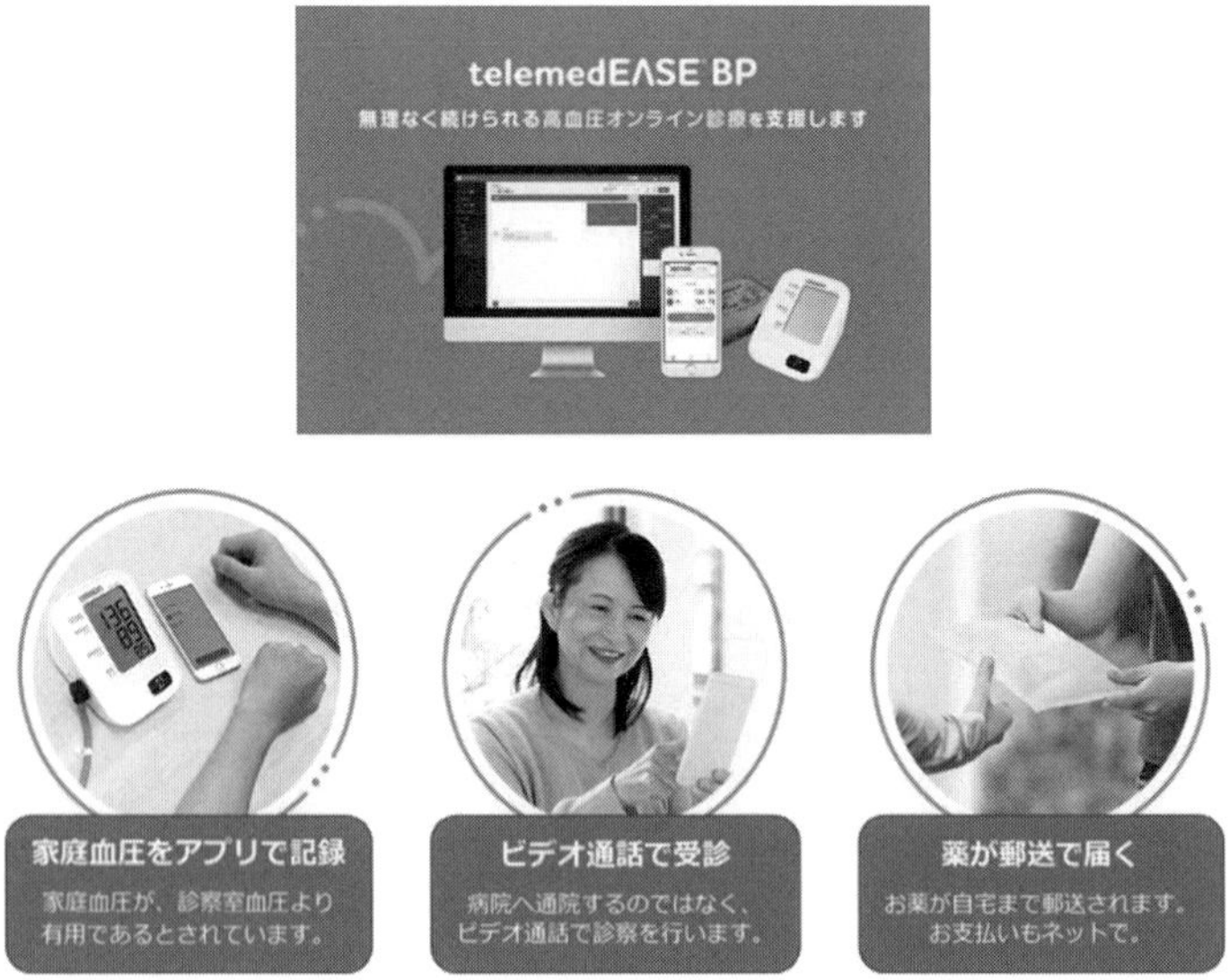
telemedEASE BP
無理なく続けられる高血圧オンライン診療を支援します
家庭血圧をアプリで記録
家庭血圧が、診察室血圧より有用であるとされています。
ビデオ通話で受診
病院へ通院するのではなく、ビデオ通話で診察を行います。
薬が郵送で届く
お薬が自宅まで郵送されます。お支払いもネットで。

（引用）　オムロン　ヘルスケアホームページ　https://www.healthcare.omron.co.jp/

だと考えられています。当社では、この課題解決に向け、高血圧専門医を有する一般社団法人テレメディーズと業務提携を行い、オンラインによる高血圧診療支援サービス『テレメディーズ®ＢＰ』を２０１９年５月からスタートさせました。

『テレメディーズ®ＢＰ』は、〝もっと続けやすい、もっと確実な〟高血圧診療の実現を目指したサービスです。提供するサービスは、自宅で測定した血圧データを総合内科および内科領域別専門医、医療スタッフと共有し、高血圧に関する医療相談ができる「オンライン医療相談サービス」と、オンラインでの高血圧診療と薬の処方を郵送で受けられる「高血圧オンライン診療支援サービス」です。「テレメディーズ®ＢＰ」の利用者は日頃の血圧管理から、診療の予約、薬の受け取り、医療費の支払いまで、自宅や職場にいながらすべてワンストップで済ませることができ、新しい高血圧治療を実現していきます。

(4) 荻野勲代表のインタビュー
―(イノベーションを含む) オムロン ヘルスケアのビジネスモデル

血圧計事業から循環器疾患事業へ

当社は、1973年に初めて電子血圧計を発売し、以降「家庭血圧の測定」の普及に向けて医療現場と連携し、多くの臨床研究に参画してきました。その結果、約40年の年月を経て、2014年に改定された「高血圧治療ガイドライン2014」において「高血圧診療に関して、診察室血圧より家庭血圧を優先する」と規定され、家庭血圧の有用性が認められました。また、家庭血圧測定の普及に伴い、当社の血圧計の販売台数は拡大し2016年には累計出荷台数で2億台を突破しました。

しかしながら、当社が目指す「ゼロイベント」は血圧計を販売しているだけでは、実現できません。そこで従来の血圧計事業を新たに循環器疾患事業と再定義し、「ゼロイベント」の実現に向けてビジネス領域の拡大を図っています。従来の機器に加えて、新たなバイタル情報の計測を可能とする革新的なデバイスの発売、オンラインによる遠隔診療支援サービス、コーポレートウェルネスの実現に貢献する特定保健指導支援サービスや生活習慣改善支援サービスなどを展開しています。

――オムロン ヘルスケアの強み／弱み

40年以上にわたり培ってきた血圧計の開発ノウハウ、医療関係者や行政との信頼関係、グローバルに医療機器を供給できるSCM、世界110カ国以上に展開する販売チャネルが当社の強みです。また、信頼性の高い機器から得られた精度の高い測定データを個人だけでなく医療現場でも活用するためのデータプラットフォームを、国ごとに異なる医療制度や保険制度などに合わせてグローバルに展開できることも私たちの強みです。

――社内プロジェクト「オムロン ゼロイベントチャレンジ」の取り組み

「ゼロイベント」を実現するには、食事や運動、喫煙といった生活習慣を変える「行動変容」が重要です。そこで、当社では「ゼロイベント」の実現を目指す自分たちが、家庭血圧の適正なコントロールにチャレンジしています。この取り組みが「オムロン ゼロイベントチャレンジ」です。オムロン ゼロイベントチャレンジでは、全社員が家庭血圧を測定して自身の血圧レベルを把握します。さらに、各々が血圧に良い生活習慣の実践を通じて、家庭血圧の基準値である「収縮期血圧 135mmHg, 拡張期血圧 85mmHg 未満」を目指します。

実際に、この取り組みから、定期健診では血圧は問題ないけれども家庭血圧の平均値が基準値以上である仮面高血圧の疑いがある社員が見つかりました。また、社員のモチベーションを高め、行動変容を促す働きかけとなる社内企画も実施しています。当社では、オムロン ゼロイベントチャレンジで得たノウハウを今後の商品・サービスの開発に活用していきます。

――イノベーションを、どのように考えているか。そのビジネスモデルは、オムロンヘルスケアで可能か、達成できるか。

高齢化社会への対応、医療費の高騰抑止、医師の業務負荷軽減、患者の通院負荷軽減など、医療領域には多くのグローバル共通の社会的課題が存在します。その中でも、循環器疾患はグローバルでの患者数も多く、これらの社会的課題の解決においてとても重要な疾病領域です。

医療の分野では、国ごとに異なる医療システムや保険制度、行政の関与などの事業環境に対応し、それぞれのニーズに合った商品やビジネスモデルを展開していく必要があります。

このような環境のもとでイノベーションを実現するには、我々が持つ商品やサービスだけでなく、同じ志を持つパートナーとも連携し、それぞれの強みを融合した新たなビジネスモデルを創出していきたいと考えています。

既に、シンガポールでは、行動変容のノウハウを持つ企業と合弁会社を立ち上げ、社員の健康管理のためのプログラムをリリースしました。また、ヨーロッパでは、遠隔診療サービスを提供する企業との資本・業務提携など、パートナー企業とともに新しいビジネスモデルの構築。アメリカでは、高血圧患者向けの遠隔患者モニタリングシステムの運用もスタートしました。「家庭での血圧測定」という新しい文化を普及させてきたように、ゼロイベントの実現につながるイノベーションを起こし、我々の企業ミッションである「地球上の一人ひとりの健康で健やかな生活への貢献」を果たしていきたいと考えています。

5　一般社団法人社会的健康戦略研究所

(1)　法人概要

会社名：一般社団法人社会的健康戦略研究所、所在地：東京都江東区木場1-5-1R&D棟1F

設立：2019年9月、代表者：浅野健一郎、URL：https://kenko-senryaku.or.jp/

事業内容：人生のライフステージに合わせ、WHOの定義する〝健康〟の実現のため、社会的健康度の改善、持続可能な共生社会実現を日本のみならず世界でも主体的に行うことを目指し研究を行う組織となります。一般社団法人から社会にヘルスケア・イノベーションを起こす可能性がある代表理事の浅野健一郎氏に話を伺いました。

図表5－11　ミッション・ビジョン・コアポリシー

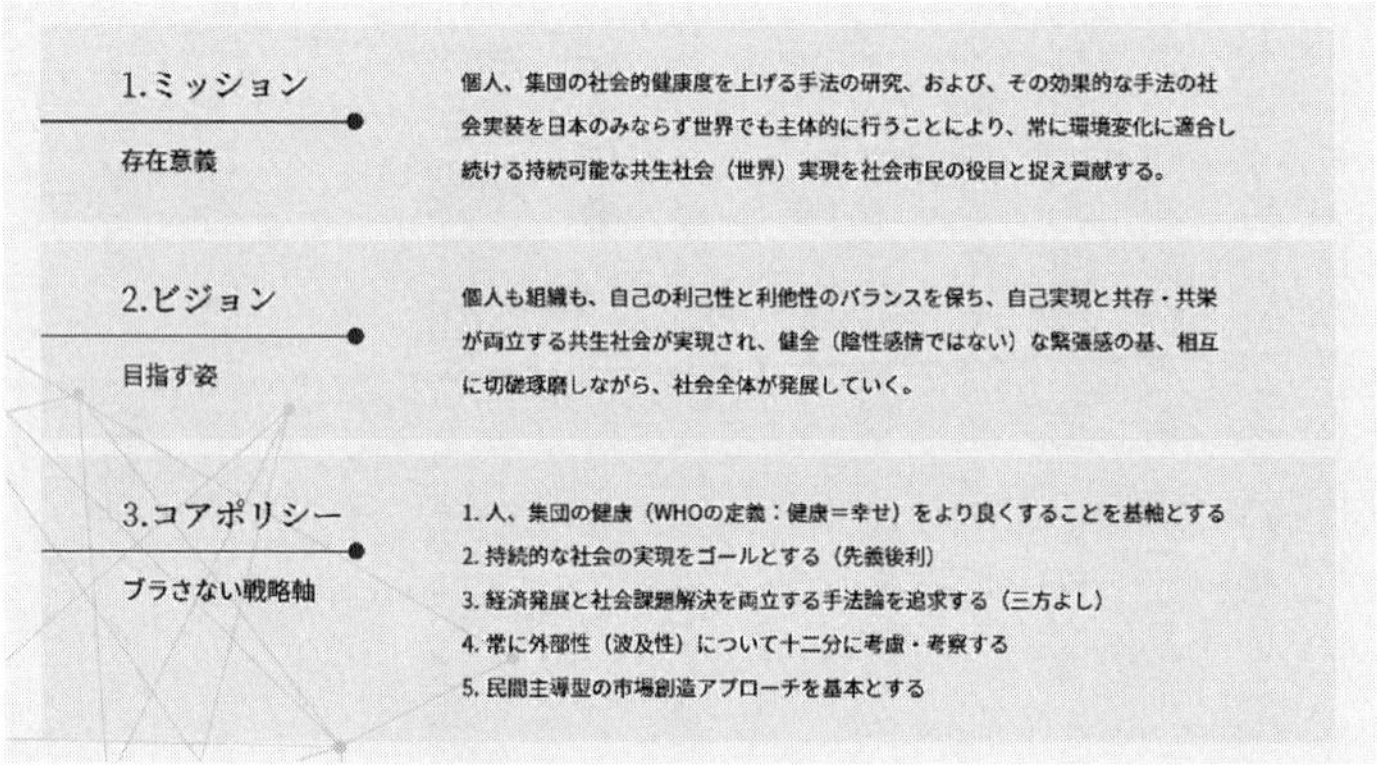
1.ミッション
存在意義
個人、集団の社会的健康度を上げる手法の研究、および、その効果的な手法の社会実装を日本のみならず世界でも主体的に行うことにより、常に環境変化に適合し続ける持続可能な共生社会（世界）実現を社会市民の役目と捉え貢献する。
2.ビジョン
目指す姿
個人も組織も、自己の利己性と利他性のバランスを保ち、自己実現と共存・共栄が両立する共生社会が実現され、健全（陰性感情ではない）な緊張感の基、相互に切磋琢磨しながら、社会全体が発展していく。
3.コアポリシー
ブラさない戦略軸
1. 人、集団の健康（WHOの定義：健康＝幸せ）をより良くすることを基軸とする
2. 持続的な社会の実現をゴールとする（先義後利）
3. 経済発展と社会課題解決を両立する手法論を追求する（三方よし）
4. 常に外部性（波及性）について十二分に考慮・考察する
5. 民間主導型の市場創造アプローチを基本とする

（引用）　一般社団法人社会的健康戦略研究所ホームページ　https://kenko-senryaku.or.jp/

図表5－12　組織図

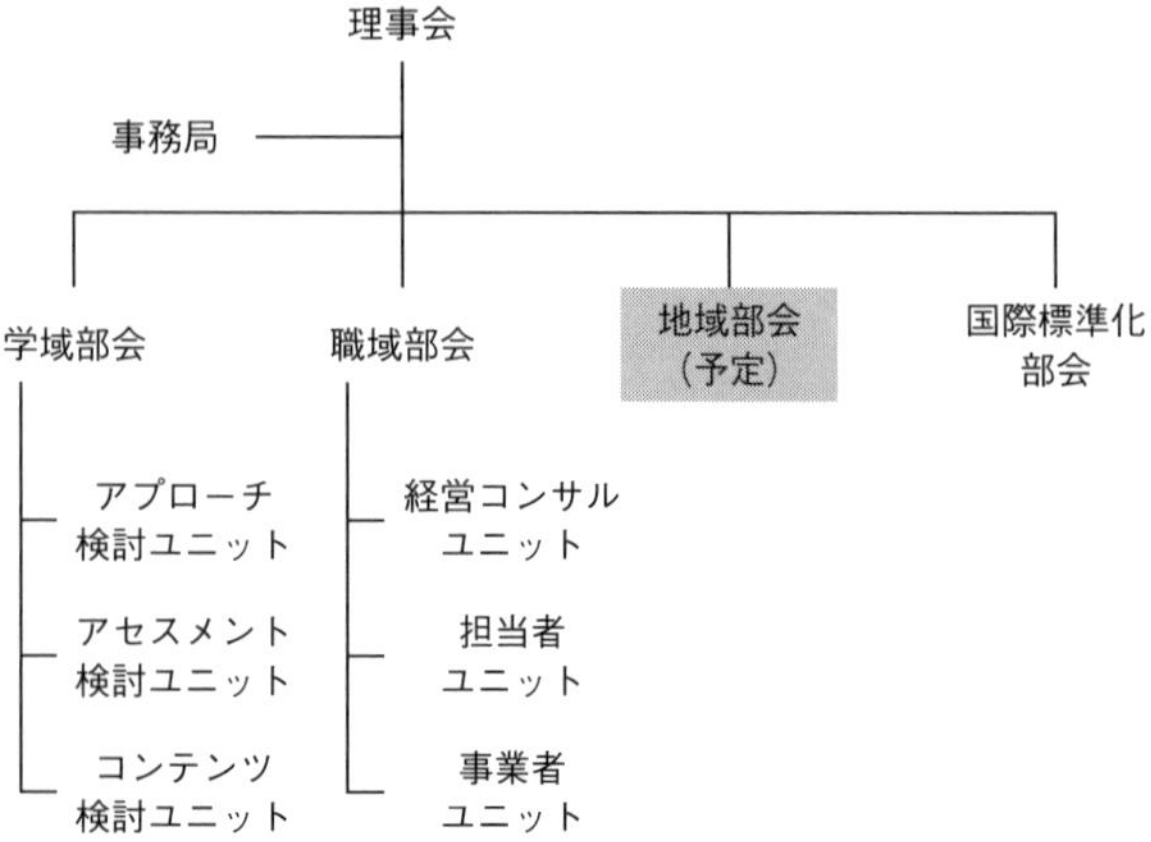

（引用）　一般社団法人社会的健康戦略研究所ホームページ　https://kenko-senryaku.or.jp/

(2) 社会環境

一般社団法人社会的健康戦略研究所は、「個人、集団の社会的健康度を上げる」ことをミッションとしています。

組織は、人生のライフステージに合わせ「職域部会」「学域部会」「地域部会」の3部会で構成しています。後述の国際標準の策定を担う国際標準化部会と職域部会は、先行して設置・活動を開始。学域部会を2020年4月に立ち上げ、地域部会については2021年4月以降の正式な設置を予定しています。

変化している価値観と社会。日本の生産年齢人口は、どんどん減ってきています。1970年、日本人の人口に対し、65歳以上は約7%でした。2050年には65歳以上の人口は約40%になると予想されています。今後30年の間に、我々は社会構造を大きく変えていく必要があります。なぜなら、高齢化だけでなく、経済指標であるGDPが国民の豊かさや国力をダイレクトに示さなくなってきていて、私たちが目指す社会の方向性が見えなくなりつつあるからです。

我々は何に従って目標設定をして経済活動を進めていけばいいのか？　このように状況が変わったのは、私たちの価値観が変わっていることと深く関係しています。これから、

図表5－13　高齢化の推移と将来推計

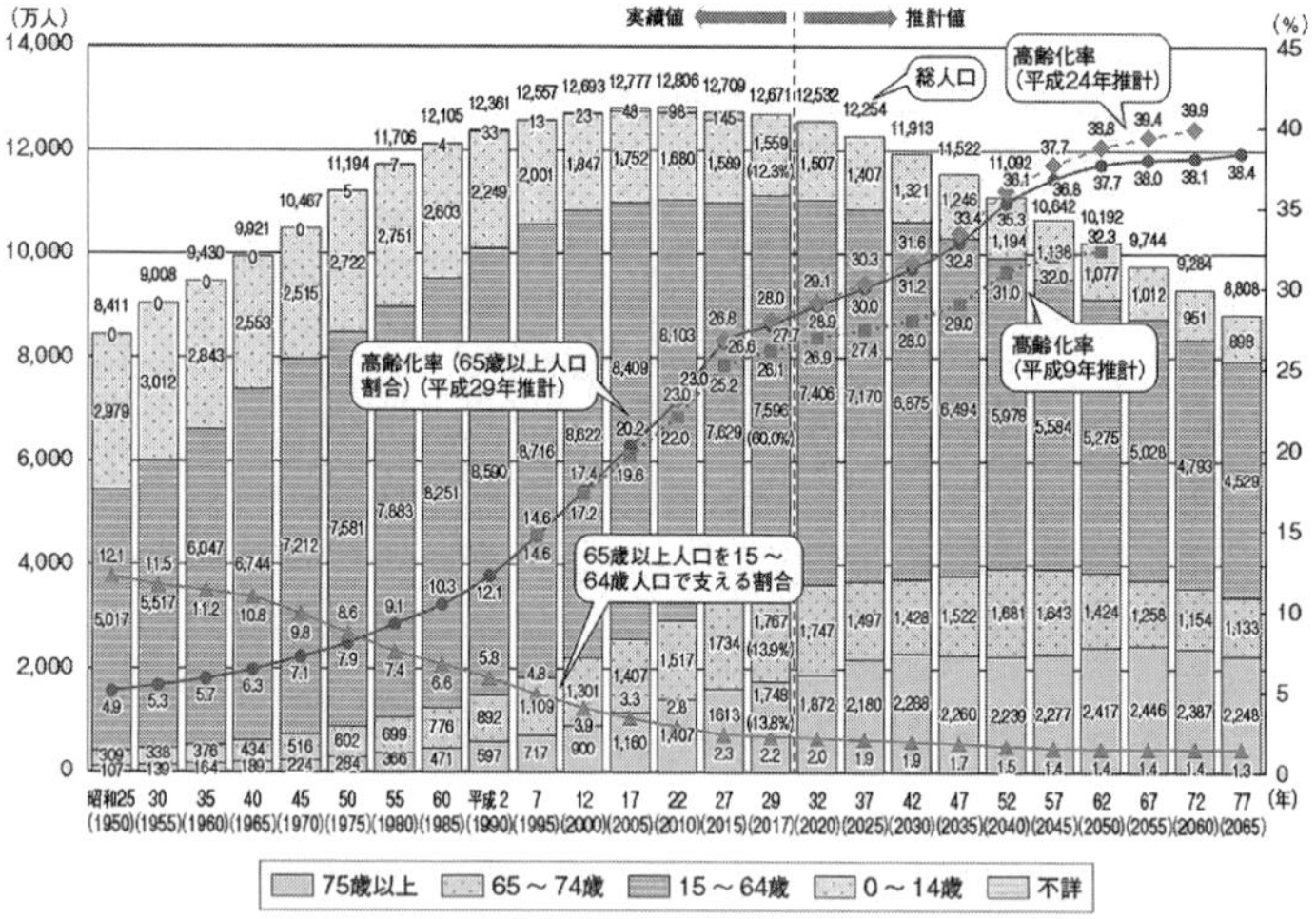

資料：棒グラフと実線の高齢化率については、2015年までは総務省「国勢調査」、2017年は総務省「人口推計」（平成29年10月1日確定値）、2020年以降は国立社会保障・人口問題研究所「日本の将来推計人口（平成29年推計）」の出生中位・死亡中位仮定による推計結果。点線と破線の高齢化率については、それぞれ「日本の将来推計人口（平成9年推計）」の中位仮定、「日本の将来推計人口（平成24年推計）」の出生中位・死亡中位仮定による、推計時点における将来推計結果である。

（注1）　2017年以降の年齢階級別人口は、総務省統計局「平成27年国勢調査　年齢・国籍不祥をあん分した人口（参考表）」による年齢不詳をあん分した人口に基づいて算出されていることから、年齢不詳は存在しない。なお、1950年～2015年の高齢化率の算出には分母から年齢不詳を除いている。

（注2）　年齢別の結果からは、沖縄県の昭和25年70歳以上の外国人136人（男55人、女81人）及び昭和30年70歳以上23,328人（男8,090人、女15,238人）を除いている。

（注3）　将来人口推計とは、基準時点までに得られた人口学的データに基づき、それまでの傾向、趨勢を将来に向けて投影するものである。基準時点以降の構造的な変化等により、推計以降に得られる実績や新たな将来推計との間には乖離が生じうるものであり、将来推計人口はこのような実績等を踏まえて適期的に見直すこととしている。

（出典）　内閣府　1高齢化の現状と将来像｜平成30年版高齢社会白書（全体版）https://www8.cao.go.jp/kourei/whitepaper/w-2018/html/zenbun/s1_1_1.html

私たちがお金を払ってまで手に入れたいものとは何でしょうか？

近年価値を急上昇させているのが「個別化」です。わかりやすい例では、パーソナライズしたプログラムで1対1のサポートをリアルで提供するライザップです。その他にも情報の検索による発見可能性ではGoogle、即時性ではAmazonなどこれまでのモノを所有する価値とは異なる価値がその魅力を上げています。またこれらの価値の共通の基盤となる「信頼」を提供するサービスが重視される時代とも言えます。

このように今は社会が大きく変わりつつある過渡期にさしかかっているため、世の中の変化が非常に早く、未来を予測しづらい社会になっています。そんな不安な時代に立ち向かう人類の知恵として出てくるのが「ダイバーシティ（多様性）」、「オープンイノベーション（共創）」、「シェアリングエコノミー（共有）」です。これらの行動は、なんとなく自然にかつ独立的に発生しているようにみえますが、共通する概念は、皆で叡智を結集し、助け合ってこの社会変化の荒波を乗り越えようという姿勢です。それぞれ、従来行ってきたこととは真逆の発想が主流になっています。これまでの直線的に成長してきた社会が大きく方向転換する時、同時にその変化は価値観の変化に現れます。逆にいうと、価値変化やそれに伴う行動の変化とともに実態社会が変わっていくと言ってもいいでしょう。それを具体的に表しているのが「ソサエティ5・0」です。社会のあり方は、狩猟社会→農業社会→工業社会→情報社会を経て人類史上5番目の社会「ソサエティ5・0」を迎えています。そのネーミングは正確にはまだ付いていませんが、これからの社会は「人間中心社会」と考えています。

(3) 社団の取り組み

ISO（国際標準）への取り組み

社会的健康戦略研究所では経済活動と社会課題解決の両立を目指し、その第一ステップとしてISO）の策定を同時に行っています。具体的には、Well-Being Management System（企業の健康経営を一部含む幅広い概念）の国際標準化を目指すことを明らかにし、2020年4月にISO国内委員会を発足させました。日本規格協会、経済産業省、産業技術総合研究所と緊密に連携しながら、最短で2022年10月の規格発行を目指しています。ISO／TC314（高齢化社会：エイジングソサエティ）を対象に、第1号規格として、「高齢社会において人々のウェルビーイングを持続的に向上させる手段の一つとして、企業や地域におけるマネジメントのガイダンス規格」を策定します。第1号のマネジメントシステム規格に続けて、将来的にその子規格として、デバイスや分析方法、食事指導など具体的な目的を持つ規格が策定される予定です。標準規格（最上位規格）案では、Well-Being Management の取り組みの意義・意味をはじめ、持続可能な取り組み、継続させる仕組みなどを骨子とする予定です。標準化の波及効果として「課題先進国日本の Well-Being Management 方法を国際標準とすることで、日本のヘルスケア産業が世界でリーダーシップを発揮できるようになる」とのことです。日本企業は、世界に先駆けて Well-Being Management の手法を社会実装しつつあります。こうした日本の取り組みは、日本の社会課題解決のみならず、国際的な社会課題解決にも貢献することで「世界の社会課題解決と日本の経済発展の両立が持続的に可能になる」と考えています。

Well-Being Management の本質

健康の必要条件のひとつである「社会的な健康」は、家庭と「学校・就労・地域」に分かれます。日本における現状では、これらの整備がもっとも遅れているため、それぞれのエリアをカバーすべく活動を進めています。具体的には上記に関連した3つの研究部を立ち上げ前述の通り、活動を進めています。

すでに職域部が立ち上がっている背景には、職域で今社会的ブームとなりつつある健康経営の影響が大きいです。健康経営が既に始まっていることもあり、この活動を社会的健康と経営の視点で整理して、持続的Well-Being向上の活動に発展させる取り組みから開始しています。これは社会変化への適合、企業経営の変革とも言えます。日本は古来から言われている近江商人の「三方良し」になぞらえると、「経営に良し、社員に良し、社会に良し」です。これが職域におけるWell-Being Managementや健康経営の本質と言えます。

(4) 浅野健一郎代表へのインタビュー
——実装モデルについて

（地域、企業、学校とも）環境が大切です。個人が社会的に満たされること。多くの人がその変化を実感できる社会実装ができれば、未来の人々から、「あれはイノベーションだったよね」と言われる可能性がありま す。社団自体が大きくなるのではなく、この活動のネットワークが広がり、ハブ（拠点）が増える。そして職域の活動から抜けて、若い世代が地域や社会を回していく人を作っていく。草の根ネッ

トワークは、共感、共振、行動の連鎖、それ自体が人づくりになる可能性が高いです。極論すれば、社会実装は人づくりです。そうやって社会の中に実装されていく形が理想だと思います。

――社会実装において必要なモノ

人々の社会的健康をどうやって向上させるのか、そのツールの一つに“Well-Being Management”戦略があります。運動会でも、社内旅行でもよい。いまあるモノでも多くのことができるので、これらの社会資源は積極的に使うべきです。どうやるかが大切です。今、あるモノで組み立てること、そして仲間を増やすこと。それも強制や教育ではなく、共感や共振で。国際標準も手段の一つです。その他の活動も含め、相互にインタラクティブに補完し合えるような、パス（トポロジー）を作れるか。チャレンジの一つが、人を通した草の根ネットワークです。草の根ネットワークは大きな役目を果たします。そして国際規格のデジュール・スタンダードを作る。トポロジーとしては、スター型とリング型が複雑に絡み合った網目状を目指ししています。

──今後を含む社団で実現したい未来

なぜ社団なのか？　初めの一歩を踏んで何かを実現させるためには強い志が必要です。いわゆる少し前に流行った「ＧＲＩＴ」ですね。事業者は経済的にリターンがなければ、継続しづらいです。経済的リターンが見えない活動の黎明期に、あきらめずに活動の命を吹き込むのが社団です。この社団法人の活動はボランティアですが、社会実装をどうやって進めて、そして持続的な活動としていくかを考えるのが私の仕事です。そして火を消さない、焚き続ける。事業者は社会実装のネットワークの一つで、事業を通じた経済活動で、社会実装を加速させる役目の位置づけとして考えています。

目指す未来は、健康になることが目的ではいけない。いま私たちは生きていく優先順位の中でこうなりたいとの望みを持ちます。生活するのに困っていれば、生活に困らない社会を求め、その一つの手段として働く場であったりそれなりの収入を得ることを求めます。このように私達は、現在と将来の対する不安等を解消すると一時的に幸せに感じます。しかし、一つの不安が解消され満たされる気持ちも長くは続かず、次の優先順位の不満や不安に移っていくのです。この欲求（不満足）の連鎖の一つとしての健康の欲求を満足させること自体は、私達の目指す未来ではないのです。

――では、どういう社会にしたいのか？

社会的健康が実現されている社会とは、人において自然に戻る（ナチュラルに生きる）ことです。生きたいように生きられるようにできる社会。社会の選択肢の中で個人で目指したい生活、もっとシンプルにいうと生きたいように生きることができます。今、日本の社会は、この選択肢を増やすことを加速させています。たとえば、働き方改革もその一つ。高齢になっても働きたいと思う人は、働ける社会。これらの選択について正しいとか正しくないとかは、個人においてはあってもよいですが、何か一つのことが正しいということは社会においてはないと考えるし、それが自然です。たとえば、選択権を持てること＝社会の中で自然に戻ることと思います。そして選択権の中に稼ぐ、遊ぶ、等も含まれます。

つまり、社会的健康の確保を目指す社会とは、マズローの5段階の欲求みたいに欲求もしくは不満の階層を満足させるのではなく、個人の生きる上での選択を社会が包摂している状態であると捉えることができます。たとえば、自分は社会の一員だと思えると安心感がある。すごく広く捉えると、各種保険も人々に安心を与えて、社会的健康の一部を補完しています。社会とは、個人の単なる集合体ではなく、個人と個人の関係の集合体であるとみれば、社会を良くする、またはその社会の中にいる個人の社会的健康度を上げるには、この個人と個人の関係を良くしていくことにつながります。人は一人では生きていけない。仲間や、そして安心や安寧が必要です。

心に余裕がない社会、将来において不安な社会は社会的健康とは言えません。不安は、お金、健康、社会から疎外、名誉を傷つけられたりと、地位を失う等様々考えられます。社会性の動物である人は、本来、社会を維持するための利他の心が必要ですし、そもそも遺伝的に先祖から受け継いでいます。一方で、過度な不安は強い利己を産む。追い詰められたり、パニックになると、個人や団体は利己だけになる例は山ほど事例があります。逆説的ですが、利己的にならない社会が達成できれば社会を崩壊させる利己の集団に走らないですむでしょう。つまりそれには、社会環境が大事です。社会の持続性を高めていくには、人々が利他のこころを持ち、利己とのバランスをとって行動することです。この利他の条件は、社会的健康が満たされている社会なのです。

――イノベーションとはどのように考えますか？　お考えのイノベーションは可能&達成できますか？

イノベーションは、今を生きている人には判断がつきません。後世になり、その後世の人たちの価値観で「あれはイノベーションだった」と評価されて、初めてイノベーションとなります。イノベーションが社会を大きく変える可能性があるのではなく、社会を大きく変えた事象をイノベーションと呼ぶということだと思います。その方法論は、なんでも良く、改善でもよいと思います。イノベーションの対をなす言葉は、「改善」ではなく「イノベーションではない」としか言いようが無いと思います。

目標としている社会に対し、大きく前進させた取り組み等がイノベーションと言えます。つまり社会を変えるのがイノベーションです。これは未来の評価なので、今は判断できないし、後世にイノベーションと呼ばれるものは、今の価値観や常識からは、かなり怪しいものに見えるでしょう。つまりイノベーションの多くは、今はアウトローで非常識です。結局、後世のその場その時期その価値観に応じてイノベーションを判断し、前の時代のどれがイノベーションだったか決めることとなるので、今判断するのはほぼ不可能であると考えます。その一方で、どうやったらイノベーションを起こしやすい環境を作れるかや成功因子を研究するのは必要です。その研究により、後世にイノベーションと呼ばれる事象が開発される可能性が高くなるのではないでしょうか。

私達が始めた、ステイクホルダー横断型かつ、民間主導型の社団という構造が、政策や業界の利権を守ることを主眼とせず、各々のステイクホルダーの集合という小社会の意志で進められるがゆえに、その活動が上手く社会に実装されるだけでなく、同じ構造の団体が多く生まれるのであれば、この社団の活動が後世の人々から、「あの社団法人の活動はイノベーションだったよね」と言われる可能性があるのではないでしょうか。

6 まとめ

本章では、ヘルスケア分野での先進事例として5つの企業・団体の事例を紹介しました。5社の事業は様々ですが、以下のような共通点があると考えられます。

- 顧客の新たな潜在需要の探索を試みていること
- 高度な技術を用いたサービスを提供していること
- 新しいビジネスモデルを構築しようとしていること
- 様々な異業種企業あるいは行政との連携を意図していること
- 試行錯誤のプロセスを許容していること

いずれも、実は、第1章及び第2章でヘルスケア分野のイノベーションを創出するための戦略的マネジメントとして述べられていることです。また、異業種企業や行政との積極的な連携方法も第3章及び第4章で紹介しています。本章では、これらの重要性について改めて説明しませんが、筆者らは、これらの共通点が今後ヘルスケア市場に参入しようとしている企業にとって重要な指針になると考えています。

おわりに

まず、刊行にあたり助成金を配分頂いた法政大学研究開発センターに感謝申し上げます。

次に、第5章の事例にご協力頂いた株式会社Ｍｏｆｆ代表取締役社長の高萩昭範氏、株式会社ＮｅＵ代表取締役の長谷川清氏、株式会社ニューロスペース代表取締役の小林孝徳氏、オムロン ヘルスケア株式会社代表取締役の荻野勲氏、今西充氏、一般社団法人社会的健康戦略研究所代表理事の浅野健一郎氏は、ヘルスケア事業の取り組みをご紹介頂き感謝申し上げます。また第4章において最新の取り組みをご紹介頂いた富士通株式会社の岡田順二氏にも併せて感謝申し上げます。

さらに本の執筆にあたり有識者をご紹介頂いた株式会社Ｍｏｆｆの木村佳昌氏、富士通ゼネラル株式会社の佐藤光弘氏、インフォーマ マーケッツ ジャパン株式会社（旧ＵＢＭジャパン株式会社）岸剛司氏、そしていつもお世話になっており、また帯にコメントを頂いた日本ヘルスケア協会理事長の今西信幸氏にも感謝申し上げます。

最後に、執筆時は、新型コロナウイルス感染症（COVID-19）が流行し、グローバルで社会的にも経済的にも大きな影響を与えています。まず亡くなられた皆様に、執筆者一同お悔やみ申し上げます。次に、感染症はペストから始まり、流行するたびに地球規模で多大なる死者や産業等に影響を与えてきました。しかし、その度に人類は英知を集め解決し、復興してきました。今回、本書では新薬について触れておりませんが、当然今後出てくる治療薬はヘルスケア・イノベーションに該当するものでしょう。さらに、病院の体制から始まり、洗えるマスクの開発、他領域からの人工呼吸器等の参入、医薬品の生産体制、流通、そして新しい働き方等、多くのイノベーションが起こる可能性があります。困難な状況は、非常事態として、従来にない新しいイノベーションを起こす機会にもなりえます。発刊時には、死亡者数が想定より少なく、またこの混乱が収束し外出できる世界を祈りつつ筆をおきます。

読者の皆様には近いうちに講演または次の本でお会いできることを楽しみにしています。

著者代表
山野美容芸術短期大学
特任教授　新井卓二

参考文献

天野明弘、松村寛一郎、國部克彦、玄場公規（２００６）『環境経営のイノベーション―企業競争力向上と持続可能社会の創造』生産性出版

新井卓二、上西啓介、玄場公規（２０１９）「「健康経営」の投資対効果の分析」『応用薬理』96(5/6) pp.77-84

新井卓二、玄場公規編著（２０１９）『経営戦略として健康経営』合同フォレスト。

伊丹敬之、加護野忠男（２００３）『ゼミナール経営学入門（第3版）』日本経済新聞社。

上原征彦（１９９９）『マーケティング戦略論』有斐閣

小野寺玲子、仙石慎太郎（２０１８）「試行錯誤におけるテクノロジーの活用：医療・医薬産業における事例」『研究　技術　計画』Vol.33, No.3, pp.230-242

クレイトン・M・クリステンセン、タディ・ホール、カレン・ディロン、デイビッド・S・ダンカン、依田光江［訳］（２０１７）『ジョブ理論 イノベーションを予測可能にする消費のメカニズム』ハーパーコリンズ・ジャパン

榊原清則（２０１１）「リバース（反転）イノベーションというイノベーション」『国際ビジネス研究』4(2), 19-27, 2012 国際ビジネス研究学会

スタンフォード大学ハッソ・プラットナー・デザイン研究所、一般社団法人デザイン思考研究所

［編］柏野尊徳／中村珠希［訳］（２０１２）『スタンフォード・デザイン・ガイド―デザイン思考5つのステップ―』
西野精治（２０１７）『スタンフォード式 最高の睡眠』サンマーク出版
西根英一（２０２０）『ヘルスケアビジネスの図本』株式会社ヘルスケア・ビジネスナレッジ
日本高血圧学会高血圧治療ガイドライン作成委員会編集（２０１９）『高血圧治療ガイドライン２０１９』ライフサイエンス出版
日本総合研究所未来デザイン・ラボ（２０１６）『新たな事業機会を見つける「未来洞察」の教科書』ＫＡＤＯＫＡＷＡ
丹羽清（２０１０）『イノベーション実践論』東京大学出版会
丹羽清（２０１８）「試行錯誤のマネジメント」『研究　技術　計画』Vol.33, No.3, pp.212-215
幡鎌博（２０１４）「サービスイノベーションのためのビジネスモデル構築方法」29巻４号、pp.249-262
古矢修一（２０１５）「『ネットワークの構築と積極的活用から産まれるオールジャパン創薬』オープンイノベーション戦略とネットワーク構築・活用が日本の基礎研究力を活かす「創薬」新パラダイムとなる」『日本薬理学雑誌』１４５巻5号、pp.243-249
みずほ情報総研　千葉大学環境健康フィールド科学センター（自然セラピープロジェクト）による「花きに対する正しい知識の検証・普及事業」の調査結果について　https://www.mizu

ho-ir.co.jp/case/research/flower2012.html

ヤング吉原麻里子、玄場公規、玉田俊平太（２０１４）「学際性を重視したイノベーション教育の先進事例：スタンフォード大学 Biodesign プログラム」『研究 技術 計画』29(2_3), pp.160-178.

鷲田祐一（２０１６）『未来洞察のための思考法：シナリオによる問題解決』ＫＤＤＩ総研叢書

鷲田祐一、三石祥子、堀井秀之（２００９）「スキャニング手法を用いた社会技術問題シナリオ作成の試み」『社会技術研究論文集』Vol6, pp1-15

AHA&AVIA Digital Innovation Survey http://connect.healthforum.com/rs/734-ZTO-041/images/AVIA_AHA_Report_vF.pdf

Allmendinger, G., Lombreglia R, Four strategies for the age of smart services, Harvard Business Review, 2005, 83(10), pp.131-145

Baldwin, C., Hippel v E, Modeling a Paradigm Shift: From Producer Innovation to User and Open Collaborative Innovation, Organization Science, 2011, Vol.22, No.6, pp.1399-1417

Bogers, M., Chesbrough H, Heaton S, Teece J D, Strategic Management of Open Innovation: A Dynamic Capabilities Perspective, California Management Review, 2019, Vol.62(1), pp.77-94.

Chesbrough, H., "Business model innovation: it's not just about technology anymore", Strategy

& Leadership, 2007a, 35(6) pp.12–17

Chesbrough, H., Why Companies Should Have Open Business Models, MIT Sloan Management Review, 2007b, 48(2), pp.22-28.

Haour, G., Resolving the innovation paradox: enhancing growth in technology companies, 2004, Palgrave Macmillan.（サイコム・インターナショナル訳『イノベーション・パラドックス：技術立国復活への解』ファーストプレス、２００６年）

Herzlinger, R. E., Why Innovation in Health Care Is So Hard, Harvard business review, 2006, 84(5), pp.58-66

Hwang, J. and Christensen, M. C., Disruptive Innovation In Health Care Delivery: A Framework For Business-Model Innovation, Health Affairs, 2007, 27, 5, pp.1329–1335.

Immelt JR, Govindarajan V, Trimble C, How GE is Disrupting Itself, Harvard business review, 2009, October, pp.56-65

Laudien SM and Daxbock B, Business model innovation processes of average market players: a qualitative-empirical analysis, R&D Management, 2016, 47(3), pp.420-430.

Magretta, J., Why Business Models Matter, Harvard Business Review, 2002, June, pp.86-92

Porter, M., What is strategy? Harvard Business Review, 1996, 74(6), pp.61-78.

Thakur, R., Hsu HYS, Fontenot, G., Innovation in healthcare: Issues and future trends, Journal of Business Research, 2012, 65, pp.562–569.

Roberts, JP., Fisher TR, Trowbridge MJ, Bent C, A design thinking framework for healthcare management and innovation, Healthcare, 2016, 4(1), pp.11–14.

Schneckenberg, D., Velamuri VK., Comberg C, Spieth P, Business model innovation and decision making: uncovering mechanisms for coping with uncertainty, R&D Management, 2016, 47(3), pp.404-419

Zook, C., Allen, J., The great repeatable business model. Harvard Business Review, 2011, November, pp.106-114

■著者略歴（2019年発刊当時）

玄場　公規（げんば　きみのり）――――――――――――第1章、第2章執筆

法政大学大学院イノベーション・マネジメント研究科・教授。大阪大学大学院工学系研究科・招聘教授。東京大学学術博士。三和総合研究所研究員、東京大学大学院工学系研究科助手、東京大学工学系研究科アクセンチュア寄附講座助教授、スタンフォード大学客員研究員、芝浦工業大学大学院工学マネジメント研究科助教授、立命館大学大学院テクノロジー・マネジメント研究科副研究科長・教授、滋賀医科大学非常勤講師を経て、現職。著書『理系のための企業戦略論』（単著、日経BP社）、『製品アーキテクチャーの進化論』（共著、白桃書房）、『イノベーションと研究開発の戦略』（単著、芙蓉書房）、『後継者・右腕経営者のための事業承継7つのステップ』（同友館）ほか。

新井　卓二（あらい　たくじ）――――――――――――第4章、第5章執筆

山野美容芸術短期大学特任教授。経済産業省健康投資WG専門委員。経済産業省地域ヘルスケアビジネス創出アクセラレータ。経営学修士（MBA）、大阪大学学術博士。証券会社勤務を経て、法人向け出張リラクゼーション株式会社VOYAGEを起業し売却。明治大学ビジネススクールTA、昭和女子大学研究員、山野美容芸術短期大学講師経て現職。「健康経営 新井研究室」を主宰し、経済産業省等官公庁ほか、健康経営で先進的な企業を招き勉強会を開催。著書『経営戦略としての「健康経営」』（共著、合同フォレスト）ほか「『健康経営』の投資対効果の分析」等健康経営の論文多数。

小野　恭義（おの　やすよし）――――――――――――――第3章執筆

公益財団法人大阪産業局　プランナー

株式会社SRS技研代表取締役

近畿大学商経学部卒業後関西学院大学大学院経営戦略研究科修了（MBA）、その間出版・広告業界からネット通販事業の立ち上げを経て、近畿経済産業局が実施する関西の中小企業の航空機産業参入支援事業に参画。大阪産業局にて経済産業省「地域ヘルスケア構築推進事業（H24、25、27）を責任者として実施。平成27年より大阪健康寿命延伸産業創出プラットフォーム（OKJP）事務局を設立当初より務め、ヘルスケアビジネスコンテストの健康産業有望プラン発掘コンテストを平成29年より毎年実施。主に関西のヘルスケア関連企業・自治体・大学等研究機関のネットワークを有し、直近では前記に加えて堺市のヘルスケア企業コンソーシアム、高石市の運営する市民企業行政共創型のリビング・ラボの運営にも携わる。

2020年10月15日　第1刷発行
2023年 5 月20日　第2刷発行

ヘルスケア・イノベーション
―ヘルスケア産業における新規事業成功要因の分析―

©著　者　玄　場　公　規
新　井　卓　二
小　野　恭　義

発行者　脇　坂　康　弘

〒113-0033　東京都文京区本郷3-38-1
TEL. 03(3813)3966
FAX. 03(3818)2774
URL　https://www.doyukan.co.jp/

発行所　株式会社　同友館

乱丁・落丁はお取替えいたします。
三美印刷／松村製本所

ISBN 978-4-496-05499-0
Printed in Japan